国家文化产业资金支持媒体融合重大项目

全国高等教育财务会计类专业规划教材

ERP沙盘模拟企业经营实训教程

第三版

梁伟 宁健 主编

ERP Simulation

Experience Tutorials for Enterprise Management

东北财经大学出版社 大连
Dongbei University of Finance & Economics Press

图书在版编目（CIP）数据

ERP沙盘模拟企业经营实训教程 / 梁伟，宁健主编．—3版．—大连：东北财经大学出版社，2021.3（2023.1重印）

（全国高等教育财务会计类专业规划教材）

ISBN 978-7-5654-4128-8

Ⅰ．E…　Ⅱ．①梁…②宁…　Ⅲ．企业管理-计算机管理系统-高等学校-教材　Ⅳ．F272.7-39

中国版本图书馆CIP数据核字（2021）第027807号

东北财经大学出版社出版

（大连市黑石礁尖山街217号　邮政编码　116025）

网　　址：http：//www.dufep.cn

读者信箱：dufep@dufe.edu.cn

大连日升彩色印刷有限公司印刷　　东北财经大学出版社发行

幅面尺寸：185mm×260mm　字数：279千字　印张：13　插页：1

2021年3月第3版　　2023年1月第2次印刷

责任编辑：包利华　张爱华　　责任校对：齐　欣

封面设计：冀贵收　　版式设计：钟福建

定价：35.00元

第三版前言

《ERP沙盘模拟企业经营实训教程》一书自2015年2月出版发行以来，在全国财经类高职院校教学中得到了广泛采用，深受师生好评。

近年来，沙盘模拟企业经营大赛如火如荼，沙盘模拟企业经营教学普及和发展速度很快，教学内容与时俱进，教学软件不断升级。为了体现新变化，满足新需求，我们在第二版的基础上，对本教材进行了再次修订。

财经类高职院校在沙盘模拟企业经营教学和大赛中广泛采用用友软件。目前，用友网络科技股份有限公司在新道商战沙盘平台的基础上，新开发了创新创业教育"约创云平台"（简称"约创"），进一步高度仿真企业经营过程，将经营与业务考核并重，把计划精度由季度细化到日，更加贴近企业经营现实和场景，学生在角色扮演中，更能迅速提升综合职业能力和决策水平，其对抗性、实用性和趣味性更强。

本次修订继续遵循内容定位准确、难易程度适当原则，不仅对第二版部分内容和文字做了一些修改、补充和完善，而且新增了"体验约创云平台模拟企业经营"项目，对约创的系统功能、规则和操作流程做了详细介绍。教材原结构体系基本保持不变。

本书第三版由梁伟、宁健主编。宁健教授负责编写项目1、2、3、9，梁伟负责编写项目4、5、6、7、8。

本次修订，充分参考了兄弟院校在教材使用中的反馈意见，吸收了有关专家、学者的最新研究成果，并得到了东北财经大学出版社的大力支持，在此一并表示感谢。

限于编者水平，加之参考资料局限和沙盘模拟企业经营软件的不断更新和快速发展，书中难免存在疏漏与缺憾之处，恳请读者批评指正。

编　者

2021年3月

第一版前言

近年来，人们借鉴沙盘推演在军事上的成功经验，开发了模拟企业经营电子沙盘，并通过计算机平台广泛运用于课堂教学。同时，沙盘模拟企业经营大赛举办得如火如荼，众多中高职和本科院校学生踊跃参加，盛况空前。鉴于此，不少职业院校开发了沙盘模拟综合化课程。在东北财经大学出版社的大力支持下，我们总结使用校本教材和参加国赛对学生进行培训和指导的实践经验，采众家之长，树自身一帜，精心编写了本实训教程。

企业经营模拟沙盘集成了企业物流、资金流、信息流三大资源，作为ERP思想的企业经营过程的可视化模型展示，是ERP软件原理的经典凝练。将ERP模拟沙盘运用于日常教学，对一个班级学生进行划分，组成若干企业团队，每个企业团队由5名学生组成，分别扮演CEO、财务总监、市场总监、生产总监和采购总监角色，分岗位、全方位参与企业经营实战，经过6年经营运作，在与其他企业经营团队的激烈市场竞争中求生存、谋发展，追求利润最大化。在ERP模拟沙盘教学中，学生集角色扮演与岗位体验于一体，各自履行岗位职责，体验职业角色，并发挥团队协作精神，能够很好地实现从知识到技能的转化，促进学生知识、能力和素质的全方位提高。

本书由宁健、梁伟主编。本实训教程围绕“商战实践平台”电子沙盘软件在教学中的运用，以工作任务为导向，采用“教、学、做”一体化实践教学模式进行设计和编写，能够较好地满足ERP沙盘模拟企业经营课程的教学需要。本实训教程具有以下特点：①内容定位准确，针对性强，难易程度适当；②实施项目推进，任务驱动，突出能力培养，凸显职教特色；③体例新颖，结构合理，语言简洁易懂。本实训教程吸收了国内外有关专家、学者的最新研究成果，在此表示感谢！

本实训教程适用于高职高专院校财经类、工商管理类等专业教学，也可作为中职学校同类专业教学用书和ERP沙盘模拟经营大赛培训用书。

为方便教学，本实训教程配有电子课件，请任课教师登录东北财经大学出版社的网站（www.dufep.cn）免费下载。

由于编者水平有限，加之时间仓促，书中难免存在疏漏与缺憾之处，恳请读者批评指正。

编　者

2015年1月

目 录

项目 1
认知ERP沙盘模拟

任务 1　了解沙盘起源和应用

【实训目的】

明确沙盘要义，知道沙盘起源和用途

初步建立起ERP沙盘模拟企业经营影像图

具备ERP沙盘模拟企业经营基本认知能力

1.沙盘及其起源

沙盘是什么？对于这一问题，我们其实见到过很多答案。在电影电视中，叱咤风云的将军们在地形沙盘前指挥千军万马，商量决策。在日常生活中，房地产开发商制作的小区布局沙盘给客户展示楼盘规划，出售房屋。沙盘就是把现实生活中的真实地形、地貌和布局，按比例缩小在几平方米的空间中，让使用者不必亲临现场，就可以将所关注的位置了然于胸，从宏观角度全面审视、度量自身所处的环境局面，从而运筹帷幄、决胜千里。

沙盘源于军事，通过采用各种模型来模拟战场的地形及武器装备的部署情况，结合战略与战术的变化来进行推演。《后汉书·马援传》记载：汉建武八年（公元32年），光武帝征伐天水、武都一带的地方豪强时，大将马援“聚米为山谷，指画形势”，使光武帝顿有“虏在吾目中矣”的感觉，这开创了我国战争史上运用沙盘研究战术的先河。战争沙盘模拟推演跨越了通过实兵军演检验的巨大成本障碍和时空限制，在重大战争战役中得到普遍运用，尤其是在第二次世界大战中，其实演效果发挥到了极致。

2.ERP沙盘模拟企业经营

商场如战场。借鉴沙盘推演在军事上的成功经验，当今社会人们开发了企业沙盘。沙盘模拟企业经营就是利用类似上述的沙盘理念，采用哈佛大学的沙盘情景教学模式，来展示企业经营和管理的全过程。如果用物理模型或道具演示企业的整个运营过程，我们称之为物理沙盘；如果将整个企业经营过程搬到虚拟的世界中实现，即用计算机里的虚拟数字代替货币、设备、厂房、原材料、产品等，用计算机网络之间的数字交换代替企业和企业之间及企业和供应商、客户之间的贸易或买卖过程，则被称作电子沙盘。

企业经营管理的过程，就是将各种资源包括厂房、设备、原材料，还包括资金、信息以及企业上游的供应商和下游的客户等，利用计算机及网络信息系统把它们加以整合，目标就是在资源给定的情况下，追求尽可能大的产出；本质上是资源的合理利用和管理的过程，故又被称为ERP（enterprise resources planning），即企业资源计划。它是涵盖企业经营方方面面的一整套管理思想，从整体战略、市场需求、原材料采购、生产过程管理、设备管理、质量管理、销售管理等方面，使企业以销定产，以产定料，以料的需求来驱动资金的良性循环，从而加快企业资金周转，修正工作偏差，并使企业处于全面受控状态；还可以帮助企业管理人员根据外部环境的变化而对企业资源进行合理规划，使企业流畅运转，从而达到商业上的成功。

ERP沙盘模拟企业经营是采用物理沙盘或电子沙盘方式，将一个企业经营的全部环节和操作过程用沙盘进行模拟，全真展现一个企业的营运元素和场景，而且融入市场环境、市场变数和竞争机制等，由不同学生团队组成多家企业同场竞技。具体来讲，就是设定模拟企业，把模拟企业运营的关键环节——战略规划、资金筹集、市场开拓、产品研发、原材料采购、广告营销、生产线投资、财务核算等部分设计为主体内容；把企业运营所拥有的内外部资源和所处的环境抽象为一系列规则；每个企业由5名学生组成，分别担任CEO（首席执行官）、财务总监、采购总监、生产总监和市场总监5个角色；各个企业要从市场中取得订单，然后用现金购买原材料，投资生产线，进行生产，最后按照订单要求完工交货，从客户手中取得现金，利用现金再在不同市场投放广告，来取得更大的订单，以此循环。同时，企业要研发新的产品、支付工人工资、维护更新设备、缴纳所得税等来发展扩大企业。这样，在相同的起始资金和相同的规则下，企业本身可以通过不同的战略发展规划，经过模拟企业若干年（一般设定为6年）的经营，获得不同的结果。在企业的发展过程中，学生们将不断面临许多挑战，他们要通过分析市场、制定战略、营销策划、组织生产、财务管理等一系列活动，做大做强企业，以此来保证其企业不被淘汰，最终获得所有者权益最大化。

通过沙盘模拟企业经营，学生把企业经营的理论和方法与实践操作紧密地结合在一起，在全面学习、掌握经济管理和财务知识的同时，能身临其境地真正感受到企业在直面市场时的精彩和残酷，学会承担责任和风险，充分调动学生自主学习的能动性和创造性，提高其经营管理素质和综合能力。

任务2　了解ERP沙盘模拟企业经营课程

【实训目的】

明确ERP沙盘模拟企业经营课程的特点

熟悉ERP沙盘模拟企业经营课程的内容

提高对学习ERP沙盘模拟企业经营课程重要性的认识

1.ERP沙盘模拟企业经营课程的特点

ERP沙盘模拟企业经营课程是一门基于ERP管理思想和沙盘推演理念，以电子沙盘或物理沙盘为可视化模型，模拟企业在一定期间（一般设定为6年）的经营过程，让学生通过角色扮演，全方位参与企业经营运作和决策的综合化实训课程。

在经济高速发展的当今社会中，企业竞争日趋激烈，对经营管理者的知识、能力和综合素质提出了更高要求。人们普遍认为，企业管理者需要具备言传性和意会性两类知识。传统的企业经营管理课程侧重于利用文字或语言来传递言传性知识，而忽略意会性知识的培养，难以满足现代企业经营管理人才的培养需求。ERP沙盘模拟企业经营课程正是基于这一点，以弥补传统的企业经营管理课程在意会性知识培养方面的不足为目的而开发的。

ERP沙盘模拟企业经营课程是一种体验式教学课程，集团队合作、角色扮演、案例分析和专家诊断于一体。它让学生通过角色扮演来分析问题，处理企业面对的战略制定、组织生产、整体营销和财务结算等一系列问题，亲身体验企业经营过程中出现的各种问题。在“做”的过程中领悟企业管理者所应该掌握的意会性知识。通过美国缅因州国家训练实验室提出的学习金字塔（如图1-1所示）理论，我们可以看到，让学生主动去实践，积极地去解决出现的问题，在“做”的过程中去学习，是一种非常有效的学习手段，学习的内容留存率也最高。

ERP沙盘模拟企业经营课程是让学生通过亲身体验，利用一系列动态案例的连续不断分析与决策来获得知识，进行有决策的结果反馈。学生将课堂上所学的各种知识，包括战略管理、市场营销、生产管理、财务会计以及物流管理等知识，应用到经营过程中，让学生的综合能力获得提高。这门课程的开设改变了传统教学中的师生关系，教师不再仅是知识的讲解

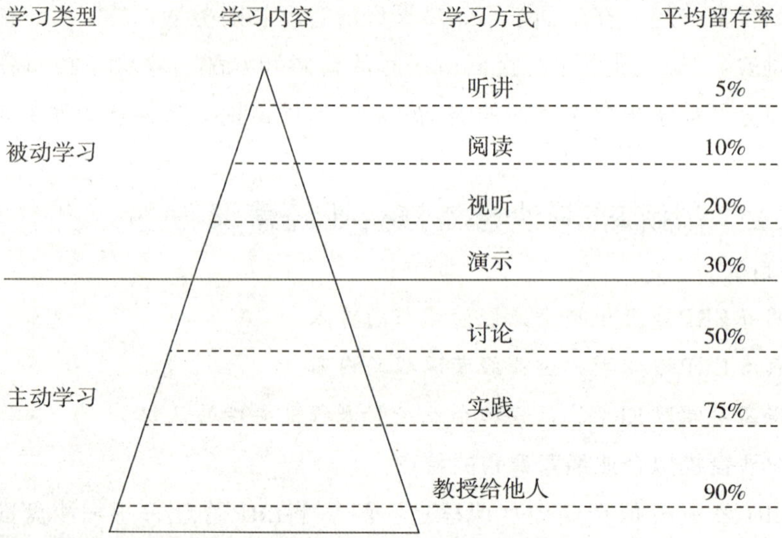

图1-1 学习金字塔

者，更是成为学生自主学习的引导者；学生不再仅是被动地接受知识，更是主动地分析、思考、解决所面临的问题。

2.ERP沙盘模拟企业经营课程的内容

（1）认知企业

认知企业，即全方位认识企业。了解企业的组织机构设置、各机构的职责和工作内容，对未来的职业方向建立基本认知；通过企业经营，了解企业管理体系和业务流程，理解物流、资金流、信息流的协同过程。

（2）战略管理

成功的企业一定有着明确的企业战略，包括产品战略、市场战略、竞争战略及资金运用战略等。从最初的战略制定到最后的战略目标达成分析，连续6年的企业运作，经过感性了解、理性思考、科学管理，学生将学会用战略的眼光看待企业的业务和经营，保证业务与战略的一致，在未来的工作中更多地获取战略性成功。

（3）营销管理

企业所有的行为、所有的资源，都要满足客户的需求。通过6年的企业模拟经营和竞争，学生将在分析市场的过程中，学会关注竞争对手、把握消费者需求、制定营销战略、准确定位目标市场，制订出行之有效的销售计划。

（4）生产管理

ERP沙盘模拟企业经营把生产过程管理、质量管理、设备更新、产品研发等统一纳入到生产管理领域，在企业经营过程中，学生将深刻感受生产与销售、采购的密切关系，理解生产组织与技术创新的重要性。

（5）财务管理

在沙盘模拟过程中，团队成员将清楚地掌握资产负债表、利润表的结构，通过财务报告、财务分析解读企业经营的全局，细化核算支持决策；掌握资本流转如何影响损益；通过“杜邦模型”解读企业经营的全局；理解现金流的重要性，学会资金预算，以最佳方式筹资，控制融资成本，提高资金使用效率。

（6）人资管理

人资管理，即人力资源管理。从岗位分工、职位定义、沟通协作、工作流程到绩效考评，沙盘模拟中每个团队经过初期组建、短暂磨合，逐渐形成团队默契，完全进入协同状态。在这个过程中，各自为战导致的效率低下、无效沟通引起的争论不休、职责不清导致的秩序混乱等情况将使学生们深刻地理解局部最优不等于总体最优，学会换位思考；切实感受在组织的全体成员有共同愿景、朝着共同的绩效目标、遵守相应的工作规范、彼此信任和支持的氛围下，企业更容易取得成功。

（7）信息管理

真切体会构建企业信息管理系统的紧迫性。决策来源于数据，数据来源于信息管理系统，企业信息管理系统如同飞机上的仪表盘，能够时刻跟踪企业运行状况，对企业业务运行过程进行控制和监督，及时为企业管理者提供丰富的可用信息。通过沙盘信息化体验，真切感受企业信息化的实施过程及关键点，合理规划企业信息管理系统，为企业信息化做好观念和能力上的铺垫。

3. 全面提高学生综合素质

ERP沙盘模拟企业经营课程不仅整合了专业知识，还通过建设团队、树立共赢理念、建立全局观念和团队合作观念、进行诚实守信的经营，提高参与者的综合素质。

（1）树立共赢理念

市场竞争是激烈的，也是不可避免的，但竞争并不意味着你死我活。寻求与合作伙伴之间的双赢、共赢才是企业发展的长久之道。这就要求企业知己知彼，在市场分析、竞争对手分析上做足文章，在竞争中寻求合作，企业才会有无限的发展机遇。

（2）全局观念与团队合作

通过ERP沙盘模拟企业经营课程的学习，学生可以深刻地体会团队精神的重要性。在企业运营这样一艘大船上，CEO是舵手、财务总监保驾护航、市场总监冲锋陷阵……在这里，每一个角色都要以企业总体最优为出发点，各司其职，相互协作，才能赢得竞争，实现目标。

（3）诚实守信

诚信是一个企业的立足之本，发展之本。诚信原则在ERP沙盘模拟企业经营课程中体现为对“游戏规则”的遵守，如市场竞争规则、产能计算规则、生产设备购置以及转产等具体业务的处理。保持诚信是学生立足社会、发展自我的基本素质。

（4）自我定位

每个个体因为拥有不同的个性而存在，这种个性在ERP沙盘模拟企业经营对抗中显露无遗。在分组对抗中，有的小组轰轰烈烈，有的小组稳扎稳打，还有的小组则不知所措。虽然个性特点与胜任角色有一定的关联度，但在现实生活中，并不是因为“爱一行”才“干一行”的，更多情况是需要大家“干一行”才“爱一行”的。

（5）感悟人生

在市场的残酷与企业经营风险面前，是“放弃”还是“坚持到底”，这不仅是一个企业可能面临的问题，更是在人生中需要不断抉择的问题，经营自己的人生与经营一个企业具有一定的相通性。

项目2
组建企业团队与企业成立

任务1 组建企业团队

【实训目的】

知晓企业团队人员组成

明确企业团队人员职责

增强责任意识，提高沟通能力，打造团队精神

1. 企业团队人员组成

任何一个企业要想获得成功都必须有一个优秀的管理团队。企业组织机构是企业全体员工为实现企业目标，在管理工作中进行分工协作，在职务范围、责任、权利方面形成的结构体系。

企业经营管理涉及企业的战略制定与执行、市场营销、采购与生产管理、财务管理等多项内容。在企业中，这些职能是由不同的业务部门履行的，企业经营管理过程也是各部门协同工作、共同努力实现企业目标的过程。在沙盘模拟企业经营过程中，采用了简化企业组织结构的方式，企业组织由几个主要角色代表构成，分别是CEO（首席执行官、总经理）、财务总监、市场总监（营销总监、销售总监）、生产总监、采购总监（物流总监）。

（1）CEO（首席执行官、总经理）

CEO负责企业的总体战略和发展规划，创造优秀的企业文化与和谐的人文环境，并带领整个企业团队成员朝着既定的发展目标前进。作为企业的CEO，需要具备一定的组织管理工作能力和沟通协调能力。企业的重要决策和年度计划均由整个团队成员共同决定，如果成员意见不一致，需要CEO审时度势，分析判断，做出决定。做出有利于企业发展的战略决策，把控企业发展方向，是CEO的最大职责。CEO还要监管控制企业运行的流程，制定企业管理制度，从结构流程、人员安排、激励机制等方面管理企业经营工作，保障企业经营工作顺利进行。另外，CEO的人格魅力和心理素质也很重要，当企业面临困难时，要敢于承担责任，积极听取大家的意

见，改进方案；当企业获得成功时，又能头脑冷静、不骄不躁，与大家分享成功的喜悦。

（2）财务总监

财务总监主要负责资金的筹集、管理，核算企业经营成果，制定预算，控制成本，填制财务报表等工作。管好、用好资金，保证企业有持续的现金流，将资金成本控制到较低水平是检验财务总监水平的一个重要因素。资金闲置是浪费，资金不足会破产，如何找到二者之间的有效平衡点是对财务总监的最大考验。财务总监还要能洞察到资金短缺的前兆，积极参与企业重大决策方案的讨论，能向CEO提出可行、有效的建议。所以要求财务总监具备较强的财务基础知识及认真细心的个人特点。

（3）市场总监（营销总监、销售总监）

市场总监主要负责开拓市场、了解竞争对手、销售预测，以便能在瞬息万变的市场中把握商机，实现销售，获得利润。首先，市场总监要积极开拓新市场，争取更大的市场空间，并能结合市场预测、竞争对手情况及客户需求制订销售计划，有选择、有目的地进行广告投放，取得与企业生产能力相匹配的客户订单；其次，市场总监要能与生产部门和财务部门做好沟通，保证生产线全部投入生产，不会出现闲置，订单量也不会超过企业负荷，能按时交货给客户；最后，在市场选单时，市场总监不仅要考虑企业销售总额的目标达成，还要注意交货期和应收账款账期的选取，要监督应收账款的回收，给财务总监提供财务信息，保障企业现金流正常运转。

市场总监还要兼任商业间谍的角色，分析竞争对手，了解竞争对手的动向，包括竞争对手主打的产品、生产能力、涉足的市场等。在企业运营过程中，做到知己知彼，有效监控竞争对手情况，才能有利于企业的发展。

（4）生产总监

生产总监主要负责企业生产运营，厂房的选择，选购、安装、维护及变卖生产设备和管理成品库等工作。生产总监一方面要协调完成生产计划，维持生产的低成本运行，保持生产正常运行，及时交货；另一方面要积极组织新产品研发，扩充生产设备，优化生产线组合，降低生产成本。生产能力是制约一个企业发展的重要因素，生产总监要有计划地扩大生产能力，满足市场竞争的需要，同时，要通过计划、组织、控制等手段实现企业资源的优化配置，创造最大化的经济效益。只有这样，企业才会做大做强。

（5）采购总监（物流总监）

采购总监负责各种原材料的预订和管理，要根据生产计划制订出采购计划，确保企业在恰当的时间点采购到需要的品种及数量的原材料，要降低原材料的库存积压，为企业生产做好后勤保障。另外，采购总监要及时向CEO和生产总监汇报库存情况，及时了解生产产品的变化，随时更新采购计划，防患于未然，避免“紧急采购”情况的发生。

2. 企业团队人员职责

企业团队中CEO、财务总监、市场总监、生产总监、采购总监角色不同、岗位不同，既相互协作，又分工负责。团队人员的具体职责分工见表2-1。

表2-1 团队人员的具体职责分工

角色	职责	经营用表	备注
CEO	做出决策，决定企业发展规划，负责企业整个运营过程，保障企业顺利运行	经营流程表	
财务总监	现金流量监控，财务预算；填写财务报表，企业融资策略制定，成本费用控制，资金调度与风险管理，安排订单交货	经营流程表 财务报表 资金预算表	采购总监、生产总监协助
市场总监	市场预测分析，产品定位，确定广告投放额度，制订销售计划，选单及竞单；开拓市场，控制营销成本，监控竞争对手，明确发展方向	市场预测表 订单登记表 产品核算统计表 广告投放方案	CEO参与
生产总监	制订生产计划，规划确定企业产能，优化生产线的使用；产品研发，质管理体系认证，产品库存管理	生产计划表	CEO、市场总监参与
采购总监	依据生产计划编制采购计划，冲销多余原材料，监督生产，配合财务总监	采购登记表	协助其他岗位承担部分职责

3. 打造高效的企业团队

每个班级被分成若干个管理团队，每个组员都担任企业的一个职位。在企业运营过程中，每个团队的组员要一起并肩战斗、相互合作，与其他企业展开竞争。其中，团队合作尤显重要。团队合作要求个人除了应具备的专业知识外，应该有较强的团队合作能力，是一种为达到既定目标所显现的自愿合作和协同努力的精神。为了打造高效的团队，班级成员在组合时，应该考虑以下几点要求：

（1）具有一致的信念、理念

团队成员只有在共同的信念、理念引导下，才会朝着目标前进，才能自觉地为了团队的利益，勇于付出自己的全部能量。如果大家每人都有自己的“小算盘”，只能是一盘散沙，没有凝聚力。

（2）需要一位能统筹全局、高瞻远瞩的CEO

CEO是团队的领导者，要具有大局观，有敏锐的洞察力和判断力，具有良好的心理素质。

（3）具有不同性格和特长的组员

一个团队的成功要求团队的每个成员都能发挥自己的长处，不同性格和特点的人组合在一起，在技能和精力上具有互补性，他们能相互帮助，取人之长，补己之短。因此，由不同性格特点的人组合的团队往往更能取得成功。

任务2 企业成立

【实训目的】

明确演讲内容和目的

知晓企业命名注意事项

凝心聚力，提高CEO的号召力和组织力

树立企业形象，增强企业品牌影响力

1.CEO就职演讲

CEO就职演讲的目的和作用在于打动听众，使听众认可其观点或态度。演讲一定要具有说服力和感染力。很多著名的政治家都是很好的演讲者，他们往往借助于自己出色的演讲，为自己的政治生涯铺路。如何才能使自己的演讲成功呢？

首先，演讲要“上口”“入耳”。就职演讲是有声语言，是书面化的口语。因此，一方面是把口头语言变为书面语言，即化声音为文字，起到规范文字、有助演讲的作用；另一方面，演讲要把较为正规严肃的书面语言转化为易听易明的口语，以便演讲。

其次，演讲通常包括开场白、正文、结尾三部分。

开场白是演讲中很重要的部分。好的开场白能够紧紧地抓住听众的注意力，为整场演讲的成功打下基础。常用的开场白有点明主题、交代背景、提出问题等。不论哪种开场白，目的都是使听众立即了解演讲主题、引入正文、引发思考等。

正文也是整篇演讲的主体。正文必须有重点、有层次、有中心语句。演讲主题的层次安排可按时间或空间顺序排列，也可以平行并列、正反对比、逐层深入。由于演讲材料是通过口头表达的，为了便于听众理解，各段落应上下连贯，段与段之间有适当的过渡和照应。

结尾是演讲内容的收束，起着深化主题的作用。结尾的方法有归纳法、引文法、反问法等。归纳法是概括一篇演讲的中心思想，总结强调主要观点；引文法则是引用名言警句，升华主题、留下思考；反问法是以问句引发听众思考和对演讲者观点的认同。此外，结尾也可以使用感谢、展望、鼓舞等语句，使演讲能自然收束，给人留下深刻印象。

最后，对演讲节奏和时间的把握也很重要。一方面，每一场演讲都是有时间限制的，CEO演讲时，必须把握自己演讲的速度和内容；另一方面，要根据演讲时间的长短调整演讲的内容，做到整场演讲的音调有高低起伏、节奏有轻重缓急、情绪有高涨低潮，波澜起伏、收缩有度。在听众的精力分散前戛然而止，余味悠长。

只有一个成功的演说，才能吸引到好的员工，才会组成优秀的团队。它是企业迈向成功的第一步。

2. 企业命名

一个成功的企业要创出自己的品牌，首先必须打出响亮的名称。企业的名称好比一面旗子，代表的是企业在大众心目中的形象。名称响亮能让更多的人识别企业，了解产品；企业和产品有广泛的知名度和良好的信誉，才能吸引更多的客户，产生更大的效益。

为企业命名时，应注意以下几个事项：

① 企业名称应简短明快。名称字数少，笔画少，易于和消费者进行信息交流，便于消费者记忆，还能引起大众的联想，寓意丰富。

② 企业名称应符合企业理念、服务宗旨，这样有助于企业形象的塑造。

③ 企业名称应具备自己的独特性。具有个性的企业名称可避免与其他企业名称雷同，以免混淆大众记忆，并可加深大众对企业的印象。如，北辰集团的“北辰”，联想集团的“联想”等名称，都具有独特个性，令人印象深刻。

④ 企业名称应具备不同凡响的气魄，有冲击力、有气魄，给人以震撼。

⑤ 企业名称要响亮，易于上口。如“麦当劳”三个字，响亮而又具有节奏感，因而极具传播力。

项目3
确定企业目标与战略

任务1 确定企业目标

【实训目的】

明确企业生存、发展与获利三者的关系

知晓确定企业目标的基本要求

提高对企业生存、发展与获利的认知能力

提高正确处理企业长期目标与短期目标、整体目标与局部目标关系的能力

1.企业生存、发展与获利

纵观古今中外，任何企业所追求的最终目标都是利润的最大化，企业要生存要发展，不获利能行吗？生存是为了发展，发展是为了盈利！只有健康发展了，才可以盈利！只有盈利了，才可以更好生存和发展。

（1）企业生存

企业是营利性组织，一切的经济活动都是为了谋取利润。企业必须生存下去，才可能获利。企业生存离不开市场，一方面付出货币，从市场上获取所需的资源；另一方面提供市场所需要的产品和服务，从市场上换回货币。当企业从市场上获取的货币大于其付出的货币时，企业便可以继续经营，从而生存下来得以发展。因此，获得利润是一个企业能在市场存在的基本条件，企业的生命力在于它不断创新，以独特的产品和服务取得收入，并且不断降低成本，减少货币的流出。如果情况反过来，企业的支出大于收入，没有足够的货币维持继续经营，企业就会萎缩，直到无法运营，退出市场。获取利润，力求以收抵支，避免长期亏损，减少破产的风险是企业能够生存的根本。

企业为了维持经营周转，扩大业务规模，会通过各种渠道向他人或者法人借债，债务到期必须偿还。但是市场是瞬息万变的，企业也会由于盲目投资、经营管理不善等原因，没有取得预期设定的收入，使得企业没有足够的资金来偿还到期的债务，出现“无力支付”的情况，企业如果不能

偿还到期债务，就会被债权人接管或者被国家宣告破产。到期偿还债务，保证企业周转有充足的资金，是企业生存的直接条件。

企业获取利润是企业还债的前提，亏损企业如不能扭亏为盈，靠借新债还旧债，迟早会因借不到钱而无法周转。同时，企业为了能获取更多的利润，必然要借债来开拓市场，扩大生产规模。二者共同作用，促进企业的优胜劣汰。

（2）企业发展

企业在发展中求生存，企业的经营生产过程是一个自我改进、自我发展的过程。一个自我满足、停滞不前的企业，必将是一个失败的企业，在竞争激烈的市场里，必定会被其他企业吞并或排挤出去。

在科技不断进步的现代经济中，企业需要不断研发新的产品，拓展新的市场领域，提升企业在市场上的地位，把客户的需求放在首位，推出让客户满意的更好、更新的产品。同时，企业要不断更新设备、技术和工艺，提高人员素质，增加产品销售数量，扩大自己的市场份额。这样才能立足于市场。

（3）企业获利

企业经营的目标是盈利，只有获得利润，企业才有存在的价值，才能继续扩大再生产，去获取更多的利润。在生产型企业中，资产的投资方式主要有两种：一是企业在创建之初时，所有股东的投资或集资（股东资本），即所有者权益。二是通过借贷的方式获取的投资，即负债，包括所有从银行获得的长期借款、短期借款，以及从民间组织或其他机构借的高利贷等。企业在获取这些资金之后，会进行厂房和生产设备等一系列固定资产的购置，余下的资金将作为企业进行产品生产时的流动资产。企业的资产就是企业通过投资方式获取的资金等值转化过来的，用公式表示为：

资产（流动资产+非流动资产）=负债（流动负债+非流动负债）+所有者权益

盈利就是使资产获得超过其投资的回报。企业通过资产运作，包括生产产品、组织销售等活动获取销售收入，再抵扣掉采购的原材料、支付工人工资等直接成本后，得到毛利。毛利并不是企业最终获取的投资回报，它要抵扣掉企业为形成这些销售支付的各种费用，包括产品研发费用、广告投放费用、市场开拓费、设备维护费等（统称为综合费用）。另外，还要补偿固定资产的贬值（折旧费用）、支付银行贷款的利息（财务费用）以及缴纳税费，最后剩下的才是对企业资产的投资回报（净利润）。股东可以将这部分净利润用来提高员工收入和改善员工生活劳动条件，也可以用于企业的再投资来扩大再生产。

股东创办企业的目的就是获取更多利润，扩大财富。要使股东财富最大化，我们应该做到“开源节流”。

开源就是增加销售收入，销售收入增加，利润才可能会增加。销售收入增加的直接方法就是多卖产品。所以企业绝不能因为上一年获取了较好的利润而自满。相反，应抓住机遇开拓新市场，研发新产品，购置新厂房和生产设备，在市场不饱和的情况下，继续提高产能，扩大再生产。

增加利润不能只考虑扩大销售。如果不能有效控制成本，利润的增加同样是非常有限的，即如何有效地“节流”。“节流”就是减少费用，仔细核算，有效控制成本，包括何时进行产品研发，使用什么样的生产线，厂房的租赁以及广告投放的额度等，这些都直接影响着企业本年度是否盈利及盈利的大小。

综上所述，企业的目标是生存、发展和获利。要实现这个目标就要求企业明确发展战略，制订执行计划，在CEO的统一指挥下，各司其职，协调有效运作，真正实现“开源节流”，实现利润最大化。

2.企业目标的确定

企业目标就是实现其宗旨所要达到的预期成果，是企业发展的终极方向，是指引企业航向的灯塔，是激励企业员工不断前行的精神动力。在企业管理决策中目标是头等重要的事情。企业没有目标，就如无头苍蝇失去方向，四处碰壁；就像风平浪静中的帆船，失去动力；就似一把沙子，没有凝聚力。

企业目标按时间长短可分为近期目标（1年以内）、短期目标（1~3年）、中期目标（3~5年）、长期目标（5年以上）；按整体与局部可分为整体目标、部门目标；按职能可分为营销目标、销售目标、财务目标、生产目标、人力资源目标、研发目标等；按管理层级由低到高可分为基层作业目标、中层职能目标、高层战略目标。

确定企业目标，应满足以下要求：

① 企业应将自己有限的资源集中在所确定的领域。如果同时做太多事情，到头来必将一事无成。

② 企业应当在所选择的领域里树立目标并衡量绩效。

③ 企业的目标应当与企业的生存和发展紧密联系。

④ 企业必须能够发现需求，吸引顾客，因此需要市场营销目标。

⑤ 企业必须能够创新，否则竞争对手就会超前，因此需要创新目标。

⑥ 企业必须制定利润指标。

任务2 制定经营战略

【实训目的】

明确企业经营战略内容和重要性

提高制定企业经营战略的能力

具备企业经营战略选择和调整能力

在资源一定的条件下，企业必须选择做什么和不做什么。任何一个企业要在激烈的市场竞争中立于不败之地，都应该首先明确企业发展目标，并在此基础上做好企业经营战略规划。

1.企业战略及内容

企业经营战略简称企业战略，是企业根据其外部环境及企业内部资源和能力状况，为谋求长期生存和稳定发展，不断地获得新的竞争优势，对企业发展目标、达成目标的途径和手段的总体谋划。

市场经济条件下，企业经营就像在大海中航行，有风平浪静，更有波涛汹涌。航船要想驶向目的地，就离不开罗盘和舵手。企业要在瞬息万变的环境里生存和发展，就离不开企业战略。一个完整的企业战略应包括以下几项内容：

（1）外部环境与内部条件分析

企业要实现其作为资源转换体的职能，就需要达到外部环境和内部条件的动态平衡。要了解外部环境中哪些会为企业带来机遇、哪些会对企业形成挑战，进而了解企业内部资源条件是否充足、资源配置是否合理。只有全面把握企业的优势和劣势，才能使企业战略不脱离实际。

SWOT（strengths-weaknesses-opportunities-threats）分析是制定企业战略时常用的一种方法。采用这种方法的根本目的是把本企业与竞争对手企业的优势、劣势、机遇和挑战进行比较，然后决定某项新业务或新投资是否可行。做SWOT分析有利于本企业在做新业务前充分发挥自己的长处而避免自己的短处，以趋利避害，化劣势为优势，化挑战为机遇，即所谓的知己知彼，才百战不殆，从而降低企业的经营和投资风险。SWOT分析见表3-1。

（2）战略目标

战略目标简单地说就是回答：企业在一段较长的时间里要完成什么？这个目标要体现时间限制，可计量，具有总领性和现实可行性。

企业战略目标的内容可以包括盈利能力、生产效率、市场竞争地位、产品结构、财务状况、企业的技术水平、企业的建设与发展、社会责任等。

表3-1 SWOT分析

内部分析 / 外部分析	优 势（S） 1. 优势…… 2. 优势…… 3. 优势……	劣 势（W） 1. 劣势…… 2. 劣势…… 3. 劣势……
机 遇（O） 1. 机遇…… 2. 机遇…… 3. 机遇……	SO战略 1. …… 2. …… 发挥优势、利用机遇	WO战略 1. …… 2. …… 克服劣势、利用机遇
挑 战（T） 1. 挑战…… 2. 挑战…… 3. 挑战……	ST战略 1. …… 2. …… 利用优势、应对挑战	WT战略 1. …… 2. …… 减少劣势、应对挑战

（3）经营方向

经营方向指明了企业现在可以提供的产品与服务领域以及在未来一定时期内决定进入或退出、决定支持或限制的某些业务领域，它为企业活动确定了界限。

（4）经营策略

经营策略规定了企业如何利用其自身资源开展业务活动以求实现战略目标。它应具体地规定企业管理层的工作程序和决策规则，研究和规划企业的经营重点，部署资源，明确企业的主要职能领域，如营销、生产、人力资源、财务等各方面的工作方针及相互关系的协调方法。

（5）实施步骤

实施步骤规定了一个战略目标需要分为几个阶段及每个阶段所要达到的阶段目标。由于战略目标是一个立足于长远发展的目标，因此不可能一蹴而就，客观上需要循序渐进，同时在战略方案的长期实施过程中，外部环境与内部资源条件不可能一成不变。分阶段实现战略目标，可以帮助企业有机会对其行为效果做出回顾和评价，以期对战略方案做出适当的调整，从而更有效、更现实地追求战略目标。

2.战略选择

企业团队在掌握市场资料、做好市场预测的前提下，应进一步分析各种产品的成本高低、生产方式和价格优劣，以及市场前景和竞争对手可能采取的战略等情况，进行科学的战略选择。企业战略选择应着重考虑：

①本企业将以什么产品为主打产品？产品需要转型吗？市场如何开拓？努力成为市场老大还是作为追随者？

②企业竞争的前提是资源有限，但竞争的激烈程度需要企业团队分析出来，避免进入死亡市场。为了取得订单，有限的资源怎么投放？投放于重点市场、重点产品，还是全面铺开？

③企业计划怎样发展？厂房怎么建设？是大厂房还是小厂房？生产线如何购置？购置的价格（或租金）、生产能力、灵活性等都是应考虑的问题。每种生产线的价格（或租金）、生产能力和灵活性各有千秋，具体表现见表3-2。

表3-2 四种生产线的价格（或租金）、生产能力和灵活性

生产线类型	价格（或租金）	生产能力	灵活性
手工线	低	低	灵活
自动线	较高	较强	不灵活
柔性线	高	较强	灵活
租赁线	较高	较强	不灵活

④企业计划采用怎样的融资策略？是银行长期借款、短期借款，还是应收账款贴现？每种融资方式的特点及适用性都不同，企业在制定战略时应结合自身的发展规划，做好融资规划，以保证企业的正常运营，并控制资金成本。

3. 战略调整

企业的外部环境和竞争对手的发展情况是动态的，市场也是瞬息万变的，因此企业战略不能一成不变，而应根据变化情况不断调整。每一年的经营、每一步的发展，都会检验企业战略合理与否，再结合以后年度的市场趋势预测自身优势、劣势，调整既定战略。

项目4
掌握沙盘模拟规则

任务1　掌握物理沙盘语言与盘面图

【实训目的】

熟知物理沙盘语言

看懂物理沙盘盘面图

提高运用物理沙盘语言能力，具备盘面图操作能力

1.物理沙盘语言

在ERP沙盘模拟企业经营竞赛时，主要以电子沙盘为主，同时辅以物理沙盘（实物沙盘），即企业具体的经营过程在电子沙盘中进行，而在每年经营结束后，要通过摆物理沙盘将经营结果展示在桌面上，供其他竞争对手在“巡盘”时查看。

① 空桶：可代表原材料订单（如图4-3所示的物流中心盘面中的空桶），也可代表未到期贷款（如图4-5所示的财务中心盘面中的空桶）。

② 灰币：代表资金，每个价值10万元。

③ 彩币：代表原材料，共有4种，分别为R1、R2、R3、R4。

④ 桶与币的组合。桶加灰币，代表资金流。桶加彩币，代表原材料物流。桶加灰币及彩币，代表产品或在制品。

桶与币的组合如图4-1所示。

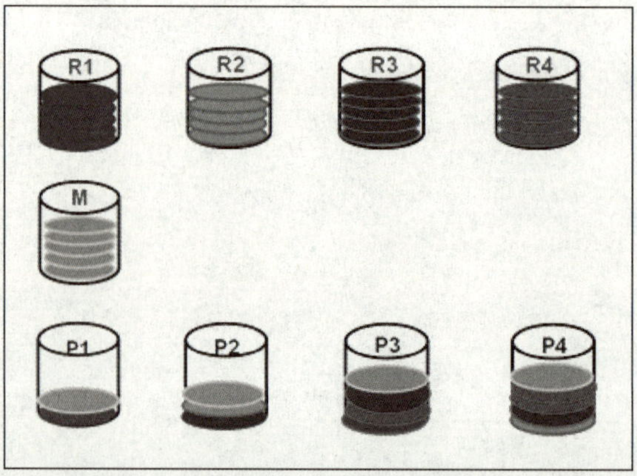

图4-1　桶与币的组合

2. 生产中心盘面图

在ERP沙盘模拟企业经营中，以季度（Q）为经营时间单位，一年分为4个季度。

生产中心可以放置厂房，厂房使用可以任意组合，但总数不超过4个。厂房里用来放置生产线，生产线的类型及折旧规则参考电子沙盘“商战”规则。生产中心盘面如图4-2所示。

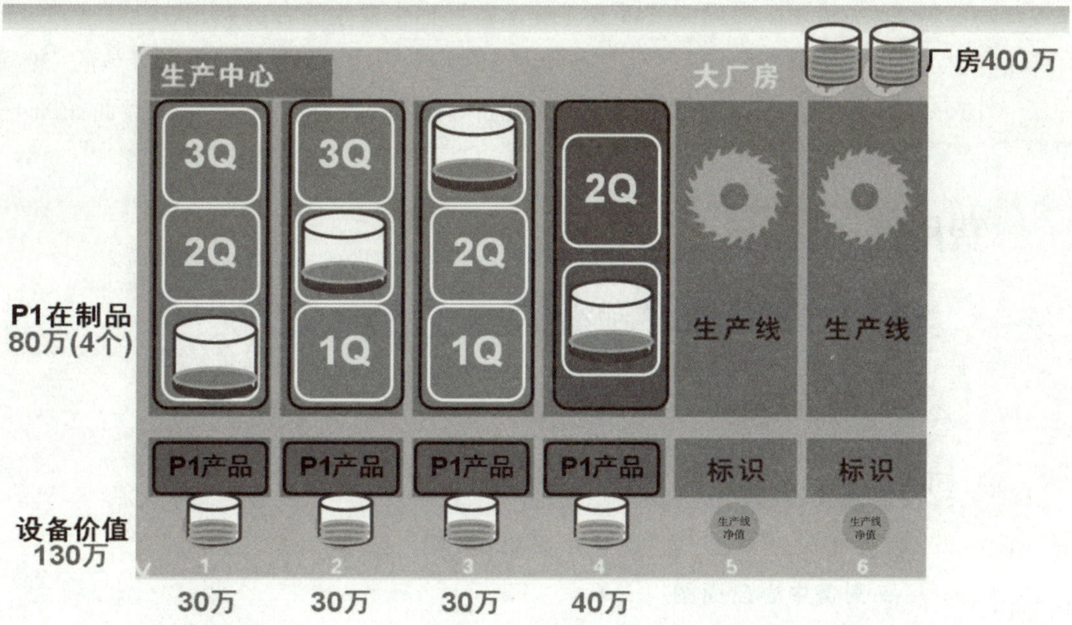

图4-2 生产中心盘面

3. 物流中心盘面图

物流中心分为原材料库区、产品库区及产品订单区。物流中心盘面如图4-3所示。

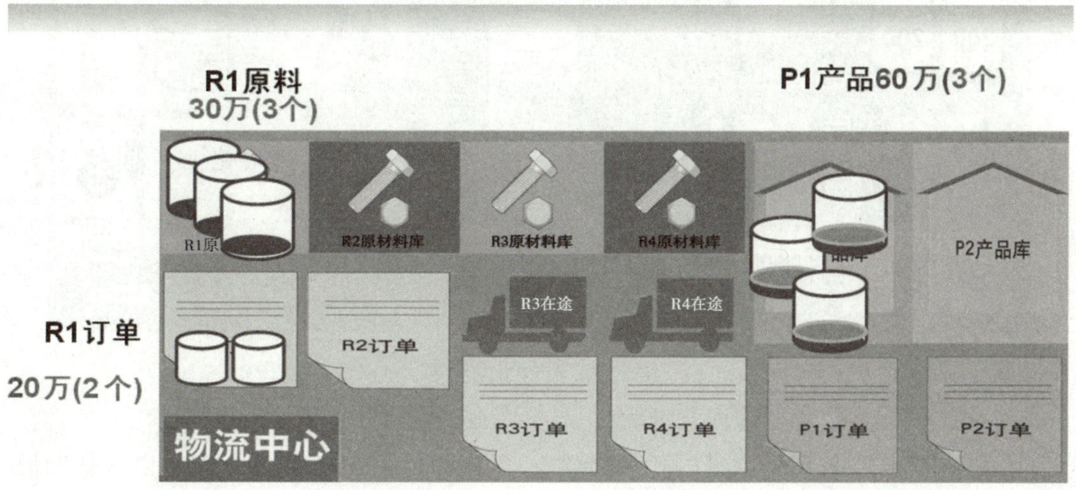

图4-3 物流中心盘面

要获得原材料，先下原材料订单，R1、R2原材料过一个季度到达原材料库，同时需要支付原材料款；R3、R4原材料过两个季度到达原材料库，所以中间有个在途状态，到达时，同样需要支付原材料款。在生产线加工完成的产品在销售前置于相应产品库。产品和原材料均按照直接成本计价。在订货会中获得的产品订单，交货前可置于相应订单区。

4. 费用区盘面图

费用区盘面主要涉及企业运营过程中发生的各类费用，包括生产线的维护费和折旧费、产品的转产和研发费、厂房租金费、市场投放的广告和开拓费、经营管理费、ISO认证费、所得税税费等。费用区盘面如图4-4所示。

图4-4　费用区盘面

5. 财务中心盘面图

财务中心分库存现金、长期借款、短期借款、其他贷款、应收账款、应付账款6个区。财务中心盘面如图4-5所示。

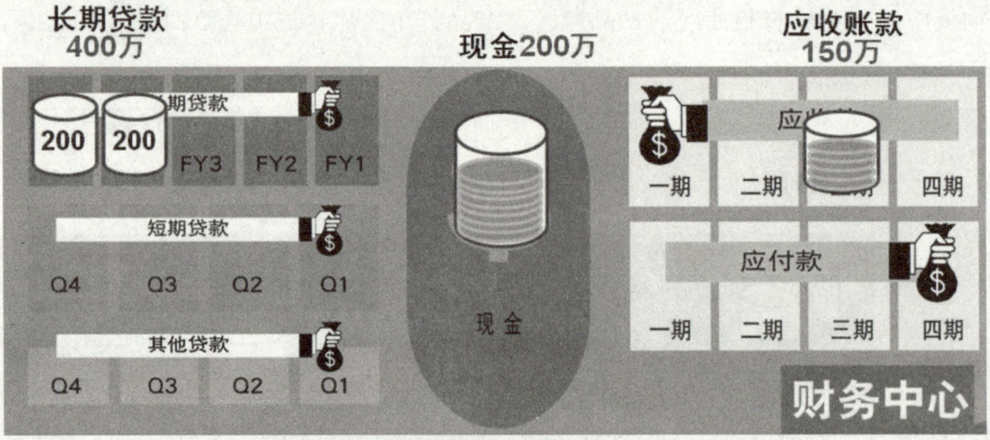

图4-5　财务中心盘面

现金（即库存现金）：表示企业当前可用的资金。

长期贷款（即长期借款）：以年为单位，FY表示年限，借入长期借款可以为不同年限，如FY5表示5年期的长期借款，即5年后需要还本。同时长期借款每年需要还一次利息。

短期贷款（即短期借款）：以季为单位，Q3表示当前贷款还有3季度需要还本付息。短期借款借入均需要在一年期（4季）满一次性还本付息。

应收账款（即应收款）：按订单交货或者出售厂房可以得到应收账款。如“二期”表示再过2季度可以收现。

6.营销与规划中心盘面图

营销与规划中心主要包括产品研发、市场开拓、ISO认证资格。营销与规划中心盘面如图4-6所示。

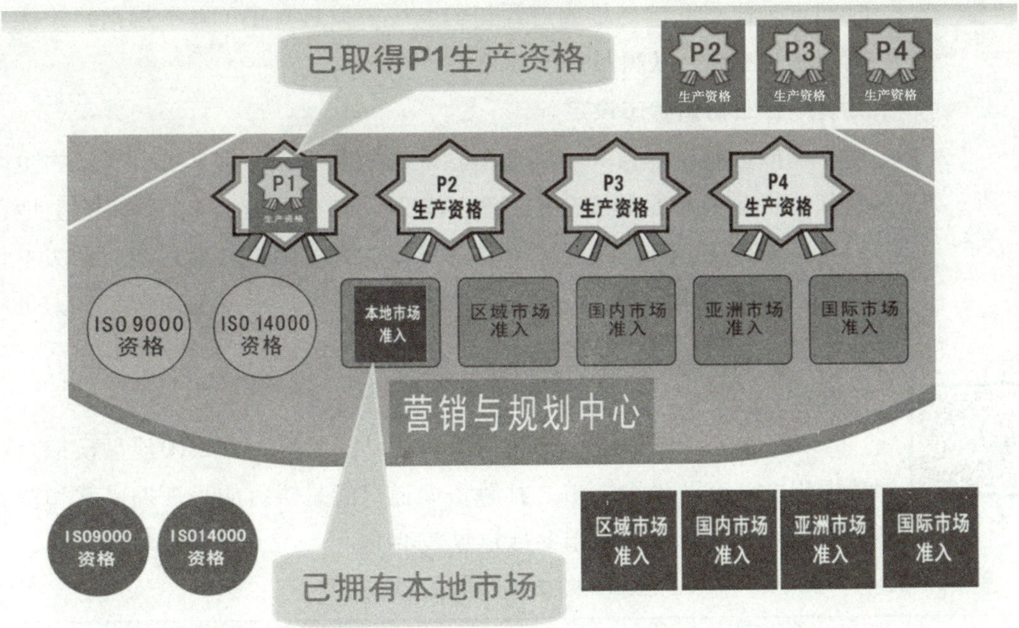

图4-6 营销与规划中心盘面

产品研发：若要生产某产品，需要支付一定期限（以季度为单位）的开发费用来获取该产品的生产资格。

市场开拓：若要进入某一市场承接订单，需要获取该市场的准入资格，支付一定期限（以季度为单位）的开发费用即可获得市场资格。

ISO认证资格：企业只有具备了相应的ISO资格才能承接要求ISO资格的订单，同样需要支付一定期限（以季度为单位）的开发费用。

小提示：

在竞赛中，物理沙盘的盘面介绍是为了摆盘，具体经营的过程以及运营结果，均是以电子沙盘为准。

任务2 掌握企业经营规则

【实训目的】

明确生产要素构成及相关规定

熟悉产品研发、市场准入、ISO认证、原材料采购等有关规定

提高合理配置生产要素的能力

具备资金预算和优化资源配置的能力

企业是社会经济的基本单位，企业的发展要受自身条件和外部环境的制约。企业的生存与竞争不仅要遵守国家的各项法规及行政管理规定，还要遵守行业内的各种约定，在开始企业模拟竞争之前，管理层必须了解并熟悉这些规则。

了解规则并用好规则，是模拟企业顺利有效经营的基础。运行规则不是只要CEO掌握就行，而是每个人都应该熟练掌握，特别是你负责业务部分的规则。对于规则，要彻底弄懂，而不是想当然地似懂非懂。谁是市场老大？新的生产线什么时候开始折旧？贷款更新和利息如何扣除？扣除的时间点是什么？市场是如何开拓的？……只有真正了解了规则，才能在规则内游刃有余，获得最后的成功。

1.模拟企业初始状态设定

模拟企业设定为一个制造型企业，将从事某行业P系列产品的生产和经营。目前只有原始股东的投资600万元和可以建造4个厂房的土地，他们将在600万元的基础上，主要以贷款的方式融资，然后自行研发P系列产品，通过新建厂房、投资生产线、开发市场等一系列操作，努力带领企业发展、获利，最终取得成功。

2.融资

融资规则

资金是企业的血液，是企业所有活动的支撑。在ERP沙盘模拟企业经营课程中，企业尚未上市，其融资渠道只能是银行的长短期借款和资金贴现等。企业融资方式及相关规定见表4-1。

表4-1 企业融资方式及相关规定

融资方式	时 间	额 度	年 息	其他规定
长期借款	每年年初	所有长期借款和短期借款之和不能超过上年权益的3倍	10%	年初付息，到期还本；每次贷款额为不得小于10W的整数
短期借款	每季度初		5%	到期一次还本付息；每次贷款额为不得小于10W的整数
资金贴现	任何时间	视应收账款额	10%（1季，2季），12.5%（3季，4季）	变现时贴息，可对1、2季应收账款联合贴现（3、4季同理）
库存拍卖	原材料8折，成品按成本价			

长期借款利息：所有不同年份长期借款加总再乘以利率，然后四舍五入算利息。

短期借款利息：按每笔短期借款分别计算，以四舍五入方式算利息。

贴现费用：按向上取整方式计算。

库存拍卖：所得库存现金以四舍五入方式计算。

在整个经营过程中，涉及的所有资金均精确或舍到个位整数。

3. 厂房

厂房规则

厂房是指直接用于生产或为生产而配套的房屋。企业在进行生产前，首先要购置厂房，可以购买，也可以租赁。企业应该根据自身的战略规划，采取合理的购置方式并选择适合的厂房大小。各类厂房的买价、租金、售价和容量见表4-2。

表4-2 厂房比较

厂房	买价	租金	售价	容量	说 明
大厂房	440W	44W/年	440W	4 条	厂房出售得到4个账期的应收账款，紧急情况下可用厂房贴现（4 季贴现），直接得到现金，如厂房中有生产线，同时要扣租金
中厂房	300W	30W/年	300W	3 条	
小厂房	180W	18W/年	180W	2 条	

厂房购买和租赁：厂房每季均可租赁或购买，租满一年的厂房在满年的季度，方可用“厂房处理”进行“租转买”“退租”（当厂房中没有任何生产线时）等处理。

续租：如果对厂房没有处理，则原来租用的厂房在满年季末自动续租。

折旧：厂房不计提折旧。

数量：厂房大小使用可以任意组合，但总数不能超过4个。

4. 生产线

生产线规则

生产线就是产品生产过程所经过的路线，即从原材料进入生产现场开始，经过加工、装配、检验等一系列生产活动所构成的路线。生产线的种类按生产效率和灵活性不同，分为手工线、租赁线、自动线和柔性线。不同类型生产线的购置费、安装周期、生产周期、总转产费、转产周期等都是不同的，其主要区别见表4-3。

表4-3 生产线比较

生产线	购置费	安装周期	生产周期	总转产费	转产周期	维护费	残值
手工线	35W	无	2Q	0W	无	5W/年	5W
租赁线	0W	无	1Q	20W	1Q	65W/年	-65W
自动线	150W	3Q	1Q	20W	1Q	20W/年	30W
柔性线	200W	4Q	1Q	0W	无	20W/年	40W

生产效率是指单位时间内生产产品的数量；灵活性是指转产生产新产

品时设备调整的难易性。

投资新生产线：按照安装周期平均支付投资，全部投资到位后的下一周期开始生产。资金短缺时，任何时候都可以中断投资。

出售：不论何时出售生产线，从生产线净值中取出相当于残值的部分计入现金，净值与残值之差计入损失。

转产：指生产线转而生产其他产品，如自动线原来生产P1产品，若要转产P2产品，需要改装生产线，因此需要停工1Q，并支付20W的转产费用；只有空的并且已经建成的生产线方可转产。

维护：当年建成的生产线（不论生产线是否投入生产）、转产中的生产线都要交维护费。

移动：生产线不允许在不同厂房间移动。

租赁线不需要购置费，不用安装周期，不提折旧，维护费可以理解为租金；其在出售时（可理解为退租），系统将扣65W/条的清理费用，计入损失。

所有生产线可以生产所有产品。

5. 折旧

固定资产在长期使用过程中，实物形态保持不变，但因使用、磨损及陈旧等原因会发生各种有形和无形磨损，其价值也随之发生损耗。

固定资产的成本随着逐期分摊，转移到它所生产的产品中去，这个过程称为计提折旧。

生产线折旧按平均年限法计算，当年建成的生产线不提折旧；当生产线净值等于残值时，不再计提折旧，但依然可以使用。不同类型生产线的具体折旧情况见表4-4。

表4-4 生产线折旧

生产线	购置费	残值	建成第1年	建成第2年	建成第3年	建成第4年	建成第5年
手工线	35W	5W	0	10W	10W	10W	0
自动线	150W	30W	0	30W	30W	30W	30W
柔性线	200W	40W	0	40W	40W	40W	40W

6. 产品研发

新产品研发投资可以同时进行，按季度平均支付研发费用。资金短缺时，可以随时中断投资，全部投资完成后的下一个周期方可开始生产，但可以提前在年初接订单。P系列产品研发费用和研发周期见表4-5。

表4-5 P系列产品研发费用和研发周期

名称	研发费用	研发周期
P1	10W/季	2季
P2	10W/季	3季
P3	10W/季	4季
P4	10W/季	5季

7.产品生产

不同的P系列产品生产所需要的原材料不同，各种产品所用到的原材料及数量见表4-6。

产品和原材料规则

表4-6 产品组成与生产

名称	加工费	产品组成	直接成本
P1	10W/个	R1	20W/个
P2	10W/个	R2+R3	30W/个
P3	10W/个	R1+R3+R4	40W/个
P4	10W/个	R2+R4+P1（P1为中间品）	50W/个

每条生产线同时只能有一个产品在线生产，产品上线生产需要支付加工费，不同生产线需要支付的加工费都是10 W，上生产线必须有原材料，否则无法生产。

8.原材料采购

采购的任务是适时、适量、适价地采购到生产所需的原材料。适时与生产计划和采购提前期相关；适量与生产计划和产品结构相关；适价是要注意控制采购成本。

原材料采购涉及两个环节：签订采购合同和按合同收料。签订采购合同时要注意采购提前期，不同的原材料的采购提前期是不同的。货物到达时，必须照单全收，并按规定支付原材料费。原材料采购价格和提前期见表4-7，采购价格均为每个10 W。

表4-7 原材料采购价格和提前期

名称	价格	提前期
R1	10W/个	1季
R2	10W/个	1季
R3	10W/个	2季
R4	10W/个	2季

市场规则

9. 市场划分与市场准入

市场是企业进行产品销售的场所，标志着企业的销售潜力。企业的生存和发展离不开市场这个大环境。没有市场，产品便无法销售，也就无法获得利润。企业目前需要对5个新市场进行开发，不同的市场投入的费用及开发时间不同，只有市场投入全部完成后方可接单销售。开发不同市场所需的时间和资金见表4-8。

表4-8 不同市场的开发费用和开发时间

市场	开发费用	开发时间	说明
本地	10W/年	1年	开发费用按开发时间在年末平均支付，不允许加速投资，但可中断投资。市场开发完成后，领取相应的市场准入证
区域	10W/年	1年	
国内	10W/年	2年	
亚洲	10W/年	3年	
国际	10W/年	4年	

市场开发过程中无须交维护费，中途可以停止使用，也可继续拥有资格并在以后年份使用。

市场开拓，只有在第4季度可以操作。

10. 资格认证

随着中国经济的快速发展，客户的质量意识越来越高，经过一段时间的市场孕育，最终会反映在客户对订单的要求上。企业要进行ISO认证，需经过一段时间和花费一定的费用，认证才可完成。ISO认证见表4-9。

表4-9 ISO认证

认证	ISO 9000	ISO 14000	说明
时间	2年	2年	开发费用按开发时间在年末平均支付，不允许加速投资，但可中断投资。认证完成后，领取相应的市场准入证
费用	10W/年	15W/年	

ISO认证过程中无须交维护费，中途可以停止使用，也可继续拥有资格并在以后年份使用。

认证开发，只有在第4季度可以操作。

“认证”一词的原意是一种出具证明文件的行动。《ISO/IEC指南2——1986》中对“认证”的定义是：“由可以充分信任的第三方证实某一经鉴定的产品或服务符合特定标准或规范性文件的活动。”

举例来说，对第一方（供方或卖方）生产的产品甲，第二方（需方或买方）无法判定其品质是否合格，而由第三方来判定。第三方既要对第一方负责，又要对第二方负责，不偏不倚，出具的证明要能获得双方的信任，这样的活动就叫作“认证”。这就是说，第三方的认证活动必须公开、公正、公平，才能有效，才能获得双方的充分信任。这就要求第三方必须有绝对的权力和威信，必须独立于第一方和第二方之外，必须与第一方和第二方没有经济上的利害关系，或者有同等的利害关系，或者有维护双方权益的义务和责任。

那么，这个第三方的角色应该由谁来担当呢？显然，非国家或政府莫属。由国家或政府的机关直接担任这个角色，或者由国家或政府认可的组织去担任这个角色，这样的机关或组织就叫作“认证机构”。

ISO是一个组织的英语简称，其全称是International Organization for Standardization，即“国际标准化组织”。

（1）ISO 9000认证

ISO标准由技术委员会（technical committees，TC）制定。ISO共有200多个技术委员会、2 200多个分技术委员会（简称SC）。

ISO 9000质量管理体系标准，它不是指一个标准，而是一族标准的统称。ISO 9000是由TC176（指质量管理体系技术委员会）制定的所有国际标准。ISO 9000是ISO发布之12 000多个标准中最畅销、最普遍的产品。

推行和实施ISO 9000的意义和好处如下：

① 强化品质管理，提高企业效益；增强客户信心，扩大市场份额。

② 获得了国际贸易绿卡——“通行证”，消除了国际贸易壁垒。

③ 节省了第二方审核的精力和费用。

④ 在产品品质竞争中可以立于不败之地。

⑤ 有利于国际经济合作和技术交流。

⑥ 强化企业内部管理，稳定经营运作，减少因员工辞职造成的技术或质量波动。

⑦ 提高企业形象。

（2）ISO 14000认证

ISO 14000环境管理系列标准是国际标准化组织（ISO）继ISO 9000之后推出的又一个管理标准。ISO 14000强调污染预防和持续改进，要求建立职责明确、运作规范、文件化的监控管理体系，通过合理有效的管理方案与运行程序来达到环境目标和指标，实现环境方针。这套体系如果实施得当，将会在较短的时间内提高企业环境管理水平和员工素质，并有助于企业扩大市场份额，提高产品附加值，实现经济和环保可持续性协调发展。

11. 紧急采购

企业在经营过程中，由于这样或那样的原因，难免会出现产品要生产时缺少必要的原材料，或者订单马上到期，仓库中没有订单要求数量的产品。这时可以采用紧急采购的方式，付款即到货，只是价格要贵。原材料价格为直接成本的2倍，产品价格为直接成本的3倍。

紧急采购原材料和产品时，直接扣除库存现金。

上报报表时，成本仍然按照标准成本记录，紧急采购多付出的成本记入当年综合费用表中的“损失”项目。

广告规则

12. 选单与竞单

市场预测和客户订单是企业制订生产计划的依据。ERP沙盘模拟企业经营实训中的企业是一个“以销定产、以产定购”的生产类型企业。客户订单的获得对企业的影响至关重要。每年年初，都要举办客户订货会，订货会分市场召开，依次为本地市场、区域市场、国内市场、亚洲市场和国际市场。每个市场又按照P1、P2、P3、P4的顺序进行。

为了让客户了解企业，了解企业的产品和服务，企业会投入大量的资金和人力用于品牌和产品宣传，以争取到尽可能多、尽可能质量高的客户订货。在ERP沙盘模拟企业经营课程中，企业在营销环节所做的种种努力体现在广告费上。

各企业都要根据市场地位、竞争对手、产品开发等情况来投放广告，目的是获得与企业发展相适应的订单。订单的好坏直接影响着企业下一个年度的经营状况，看清市场，选单得力，在市场竞争中，才能占据优势。

获取订单主要有两种途径：一种是每年都进行的选单（第1年无订单）；另一种则是在双数年（第2、4、6年）举行的竞单会。

（1）选单

广告费：投10W广告费有一次选单机会，每增加20W多一次机会，如果投小于10W广告费则无选单机会，但仍扣广告费，对计算市场广告费额有效。广告费投放可以为11W、12W。

广告投放时间：投广告，只规定最晚时间，没有最早时间，即当年结束后可以马上投广告。

选单次序：

首先，由上一年该市场的老大（上一年该市场的最高销售额的企业）最先选择订单。

其次，按本市场本产品广告费额投放大小顺序依次选单；如果两队本市场本产品广告费投放额相同，则看本市场广告费投放总额；如果本市场广告费投放总额也相同，则看上年本市场销售额排名；如果仍无法决定，先投广告者先选单。

市场开单方式和顺序：选单时，两个市场同时开单（可单独市场开单），各队需要同时关注两个市场的选单进展，其中一个市场先结束，则第3个市场立即开单，即任何时候会有两个市场同时开单，除非到最后只剩下一个市场选单未结束。各市场按P1、P2、P3、P4顺序独立放单。

客户订单：企业取得订单后，按照交货期交货，也可以提前交货，但不可以推迟，比如，交货期为3Q的订单，可以在1Q、2Q、3Q的任一时间段交货，但不可以在4Q交货。如果由于产能不够或其他原因，导致本年不能交货，企业会受到处罚：

① 取消下一年市场老大资格；

② 扣除该订单总额25%的违约金。

因此，在市场总监接单时，一定要考虑到每个季度的产品类型和产品产能。订货会结束后，市场总监要将客户订单登记在订单登记表中，以备按订单记录市场、产品、数量、收入、成本、毛利等基本信息，为今后的销售分析提供数据。

（2）竞单

竞单会的时间由裁判设定。竞单时，一次放3个订单同时竞标。参与竞标的订单标明了订单编号、市场、产品、数量、ISO要求等，而总价、交货期、账期3项为空。各个企业根据自己的情况填写竞单上的总价、交货期、账期。

投标企业资质：参与投标的企业需要有相应市场、ISO认证的资质，但不必有生产资格。

费用：中标的企业需为该单支付5W标书费，在竞单会结束后一次性扣除，记入当年综合费用表中的“广告费”项目。

保证金：每个企业都必须有一定库存现金作为保证金。如果[（已竞得单数+本次同时竞单数）×5 >库存现金余额]，则不能再参与竞单。

为防止恶意竞单，对竞得单数进行限制，如果[已竞得单数>ROUND（3×该年竞单总数/参赛队数）]，则不能继续参与竞单。

本公式的几点解释：ROUND表示四舍五入；如上式为等于，可以继续参与竞单；参赛队数指经营中的队伍，若破产继续经营也算在其内，破产退出经营则不算在其内。

（3）订单选取与广告投放

选择最有价值的订单，对企业来说有很重要的意义，市场总监不仅要有敏锐的洞察力和准确的判断力，嗅出市场上的变化、把握住稍纵即逝的商机，更要能结合本企业自身的产能情况、市场定位、财务状况和产品差异等，果断合理地做出广告投放策略，主要体现在：

首先，在广告投放前，对市场预测做了详细分析。对产品价格变化趋势、订单数量大小和分布情况已胸有成竹。哪个市场竞争激烈，订单质量好，应该集中资金拿下；哪些市场可以采用遍地开花策略，即多个市场投入少量广告费，“捡”到订单，都要心中有数。

其次，要了解企业自身的产能，依据产能大小接单，防止出现违约的情况。同时，要结合企业财务状况，争取用最低的广告费获取最大的利润，并能保证现金及时回流。

再次，市场总监选单时，不仅要关注订单里所含的信息，更要关注竞争对手，观察竞争对手的选单情况，了解竞争对手的产品构造、市场定位及广告投放喜好等，做到知己知彼，充分掌握竞争对手的信息。

最后，在广告投放时，市场总监一定要头脑清醒，切不可盲目。比如，某个市场有个总价高、账期短、交货期长的好单，为了拿到这个单，投入了比第2名的广告费多出50W的费用，这样的代价是否物有所值呢？

总之，广告投放的好坏和订单选取直接决定了一个企业的发展，企业的生存和发展离不开市场，谁赢得了市场，谁就赢得了竞争。

13.综合费用、税金及利息

综合费用：包括行政管理费、广告费、生产线维护费、产品转产费、市场开拓费、产品研发费、ISO认证费、厂房租金费及损失。

税金：是指企业当年应交的所得税税费。在计算当年应交所得税税费时，如果企业以前年度尚有未弥补亏损，税前利润应首先用于补亏。企业每年按弥补亏损后的剩余利润及适用税率计算应交所得税税费。如果补亏后的利润为负数，则不计算应交所得税税费。各年应交所得税税费在下一年年初缴纳。

利息：包括短期借款利息、长期借款利息和应收账款贴现息等。利息不记入利润表中的“综合费用”项目，单列为该表中的“财务费用”项目。

任务3　掌握ERP电子沙盘操作界面

【实训目的】

熟悉电子沙盘操作知识

明确电子沙盘操作要求

掌握电子沙盘操作具体程序和步骤

提高电子沙盘实际操作能力

1. 商战实践平台

商战介绍

商战实践平台是ERP电子沙盘模拟软件的典型代表，是继创业者模拟企业经营系统之后的新一代模拟企业经营软件。该软件更注重经营过程、模拟企业经营的场景，并对过程进行控制，使学生在一步步的决策过程中获取管理知识。现行的主流实践平台为新道新商战沙盘系统V5.0。其主要特点有：

① 全真模拟企业经营过程，感受市场竞争氛围，集成选单、竞单等多种市场方式。

② 自由设置市场订单和经营规则，有相应的制作软件，教学竞赛两相宜。

③ 操作更简单、直观，交互设置更强。

④ 系统采用B/S结构设计，可以支持2~99队同时模拟企业经营。

⑤ 可以全程监控每个模拟企业的经营活动，经营数据完整；财务报表自动核对，经营数据可用Excel导出，教学管理更轻松。

⑥ 安装简洁方便，集成数据引擎、IIS发布（端口可任意配置）。

⑦ 每年作为全国大学生“新道杯”沙盘模拟经营大赛的系统平台。

商战实践平台的操作界面如图4-7所示。

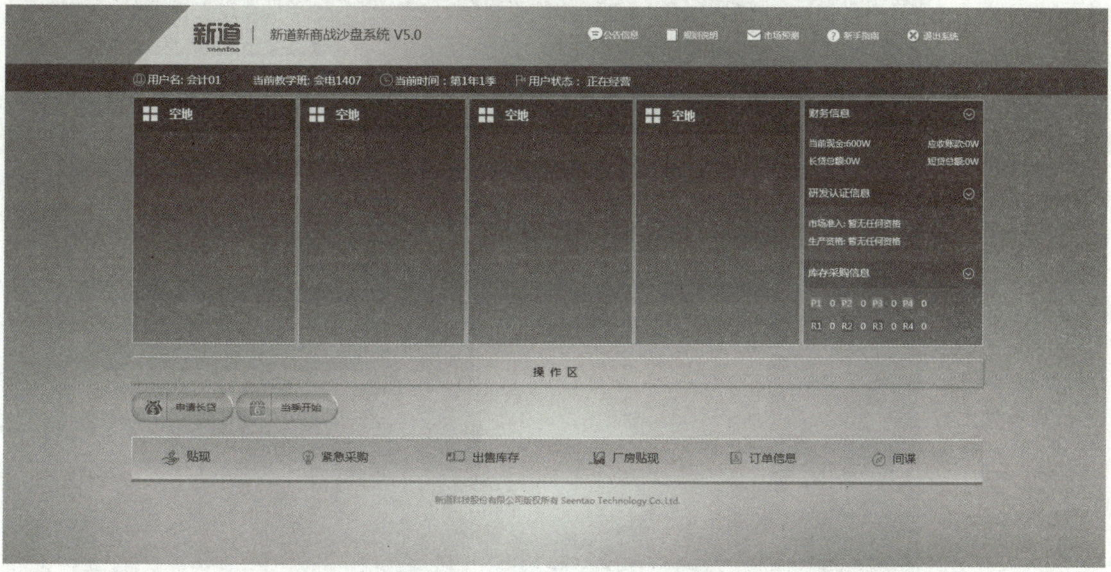

图4-7　商战平台的操作界面

2. 首次登录

首次登录时，在IE地址栏中输入“http：//服务器地址”进入系统。登录用户名为各个公司由裁判分配的U01、U02、U03等，或者为裁判自行定义的“前缀+01”“前缀+02”“前缀+03”等，初始密码均为“1”。

首次登录的操作界面如图4-8所示。

图4-8　首次登录的操作界面

公司需要修改登录密码，填写专业、班级、公司名称、公司宣言及各角色姓名等。

用户注册的操作界面如图4-9所示。

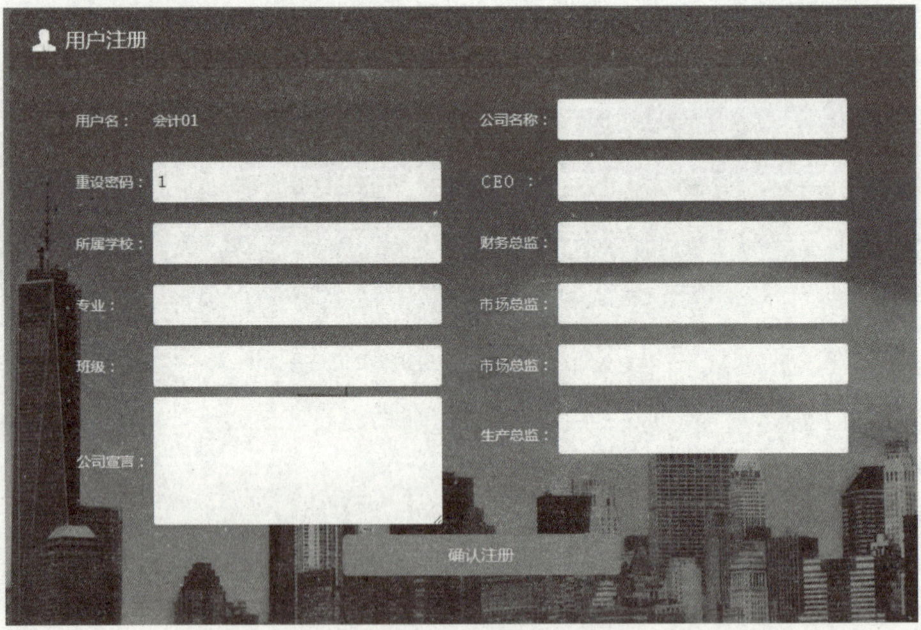

图4-9　用户注册的操作界面

融资演示

3. 申请长期借款

① 如果需要申请长期借款，只能在当年年初各项业务开展之前进行。根据经营资金需要，公司可以确认一笔适当年限和适当额度的贷款，也可以连续确认多笔不同年限、不同额度的贷款。

② 长短期借款总额（已贷+欲贷）不可超过上年权益规定的倍数（默认为3倍）。

③ 贷款额为不小于10W的整数，计算利息时，用所有长期借款之和乘以利率，然后四舍五入。

申请长期借款的操作界面如图4-10所示。

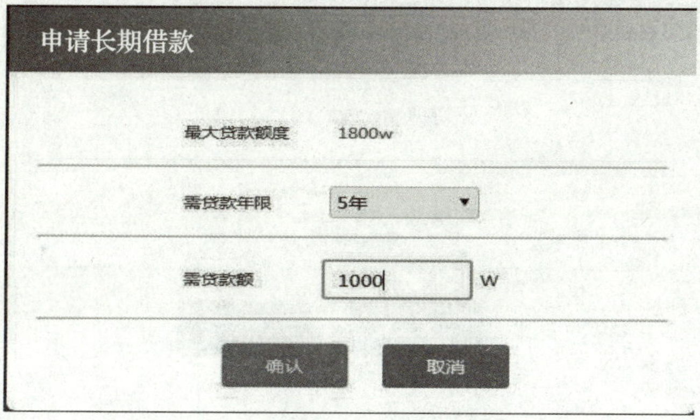

图4-10 申请长期借款的操作界面

4. 当季开始

① 选单结束或长期借款后可以当季开始。

② 开始新一季经营时必须点“确认”。

③ 系统自动扣除短期借款还本付息。

④ 自动完成更新生产、产成品完工入库、生产线建设完工及转产完工操作。

当季开始的操作界面如图4-11所示。

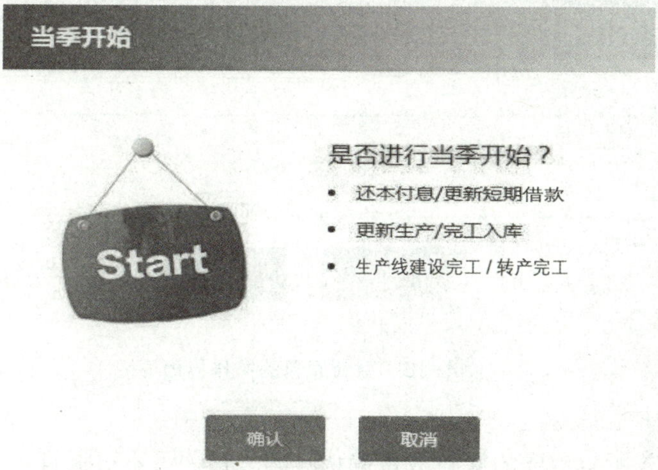

图4-11 当季开始的操作界面

5. 申请短期借款

① 根据经营资金需要，公司一季只能确认一笔适当额度的短期借款，

但借款期限不需选择确认，均默认为一年。

② 贷款额为不小于10W的整数，长短期借款总额（已贷+欲贷）不可超过上年权益规定的倍数（默认为3倍）。

申请短期借款的操作界面如图4-12所示。

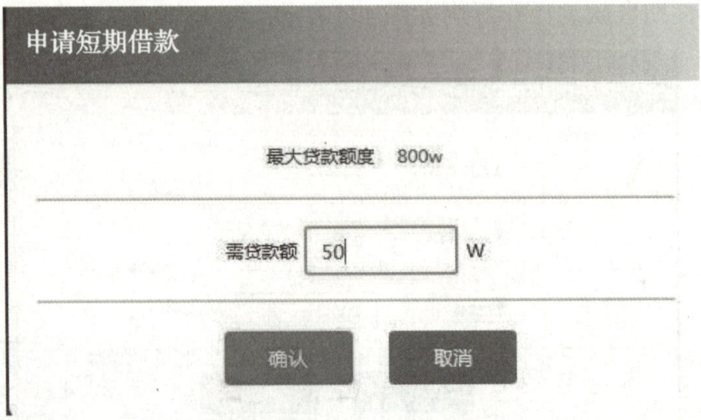

图4-12 申请短期借款的操作界面

6. 更新原料

① 系统自动提示需要支付的现金（不可更改）。

② 执行“确认”即可，即使支付现金为0也必须执行。

③ 系统自动扣减库存现金。

④ 确认后，后续的操作权限方可开启，前面操作权限关闭。

⑤ 一季只能操作一次。

更新原料的操作界面如图4-13所示。

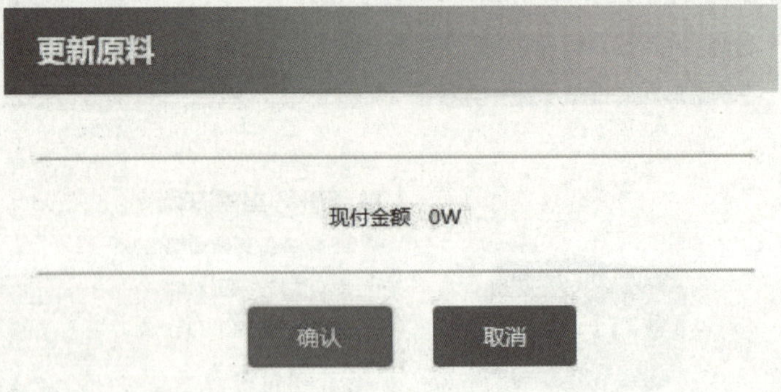

图4-13 更新原料的操作界面

7. 订购原料

原材料演示

① 输入所有需要的原料数量确认订购。订购后不可退订。

② 可以不下原料订单，一季只能操作一次。

订购原料的操作界面如图4-14所示。

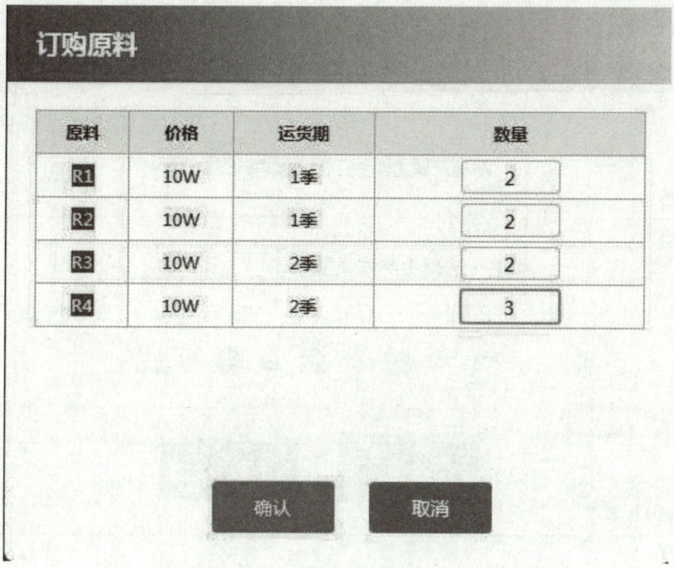

原料	价格	运货期	数量
R1	10W	1季	2
R2	10W	1季	2
R3	10W	2季	2
R4	10W	2季	3

图 4-14　订购原料的操作界面

8. 购租厂房

① 厂房可买可租，可以任意组合，但最多使用4个。

② 生产线不可在不同厂房间移动。

购租厂房的操作界面如图4-15所示。

厂房演示

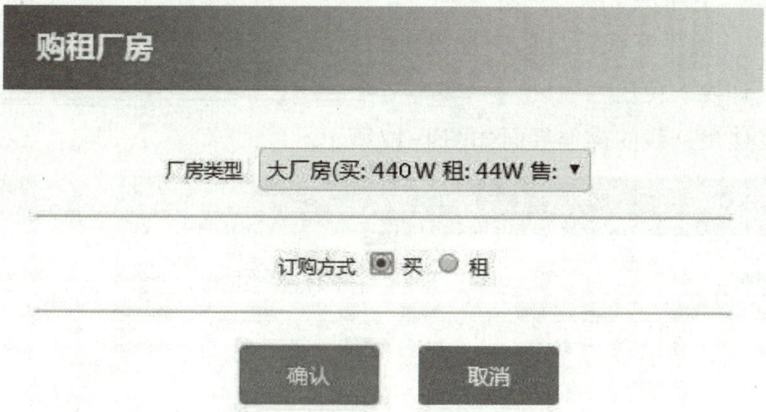

图 4-15　购租厂房的操作界面

9. 新建生产线

① 选择生产线所属厂房类型、生产线类型、生产产品类型。

② 一季可操作多次，直至生产线位置铺满。

③ 本次操作计算为生产线的第一次投资。

④ 手工线和租赁线即买即用，不需要安装周期。

新建生产线的操作界面如图4-16所示。

生产线演示

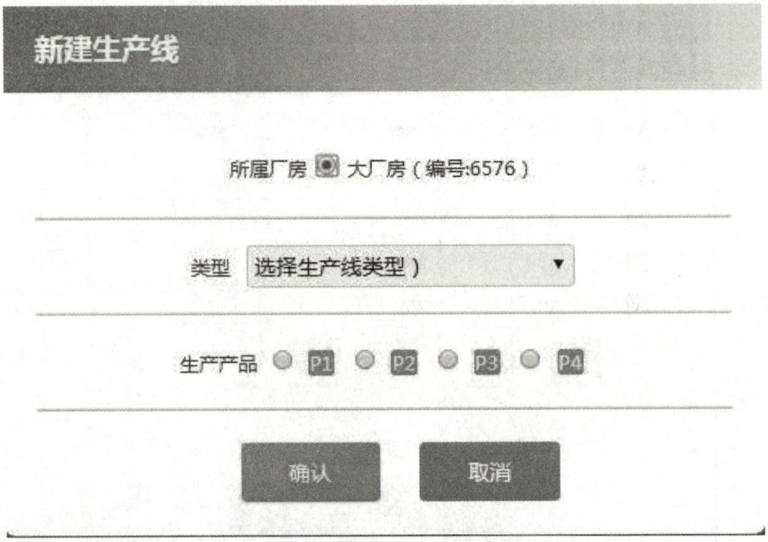

图4-16　新建生产线的操作界面

10.在建生产线

① 系统自动列出投资未完成的生产线。

② 复选需要继续投资的生产线。投资生产线的支付不一定非得连续，可以中断投资。

③ 一季操作一次。

④ 一条生产线待最后一期投资到位后，必须到下一季度才算安装完成，允许投入使用。

在建生产线的操作界面如图4-17所示。

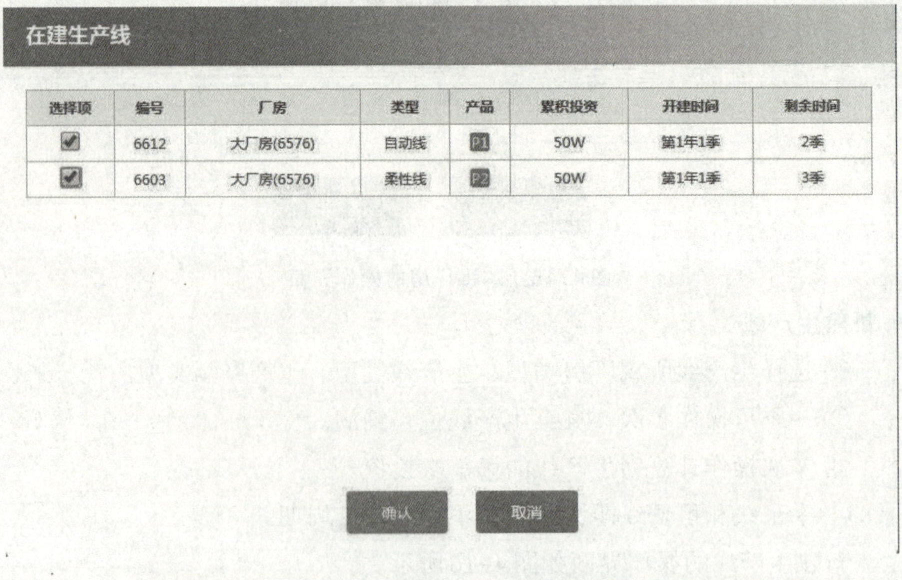

图4-17　在建生产线的操作界面

11. 生产线转产、开始下一批生产和生产线出售

① 在生产线上直接单击“转”“售”“产”完成相应操作。

② 生产线出售后，从净值中按残值收回现金，净值高于残值的部分记入当年综合费用表中的“损失”项目。变卖时，在生产线上直接单击要变卖的生产线。

③ 生产的前提是：拥有充足的原材料和用于支付加工费的库存现金，并且应具有该产品的生产资格。生产时，在生产线上直接单击“生产”。

生产线转产、生产与出售的操作界面如图 4-18 至图 4-20 所示。

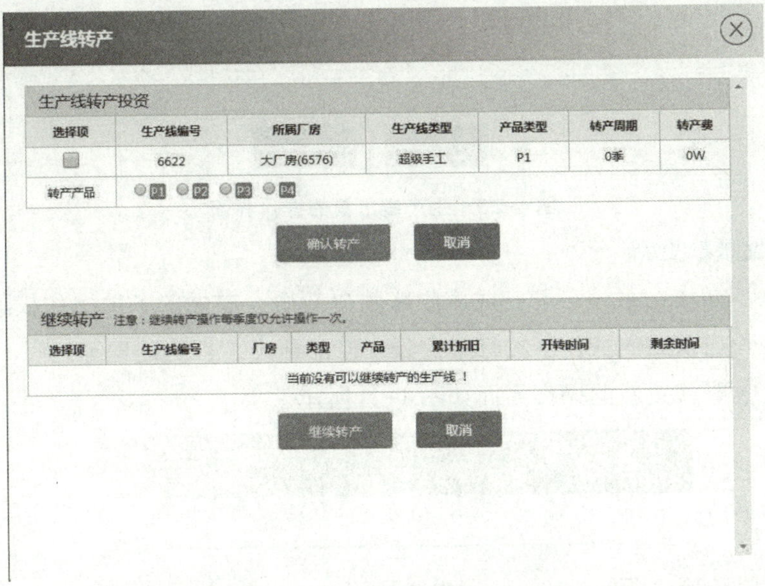

图 4-18　生产线转产的操作界面

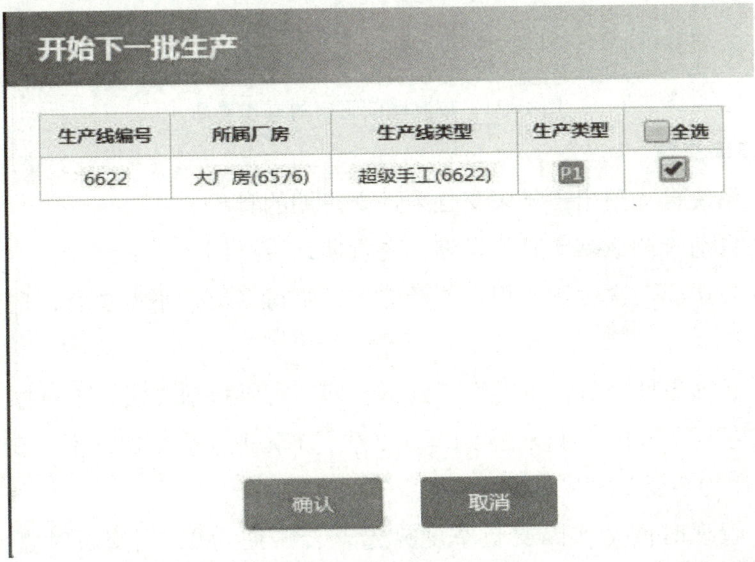

图 4-19　开始下一批生产的操作界面

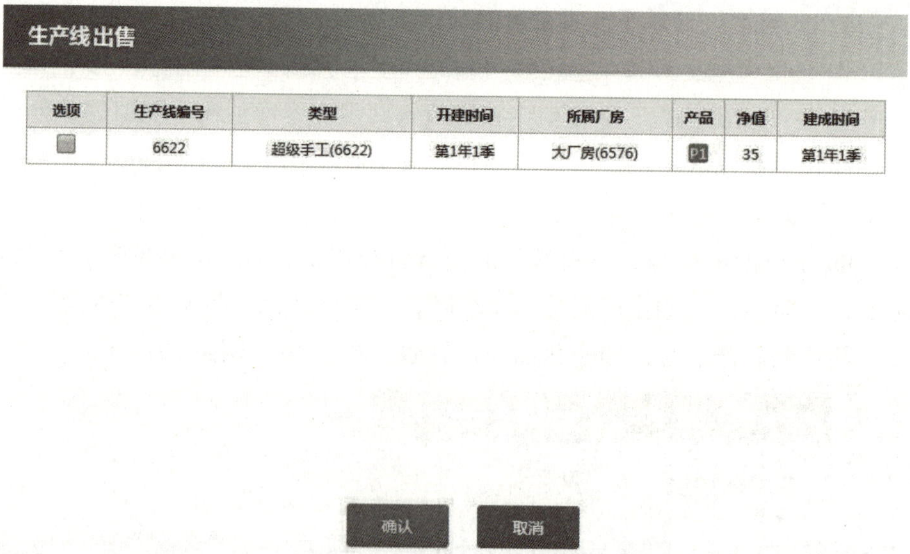

图 4-20 生产线出售的操作界面

12. 应收账款更新

此步操作，系统自动完成应收账款更新后，前面的各项操作权限将关闭，并开启以后的操作（按订单交货、产品研发、厂房处理等）。

应收账款更新的操作界面如图4-21所示。

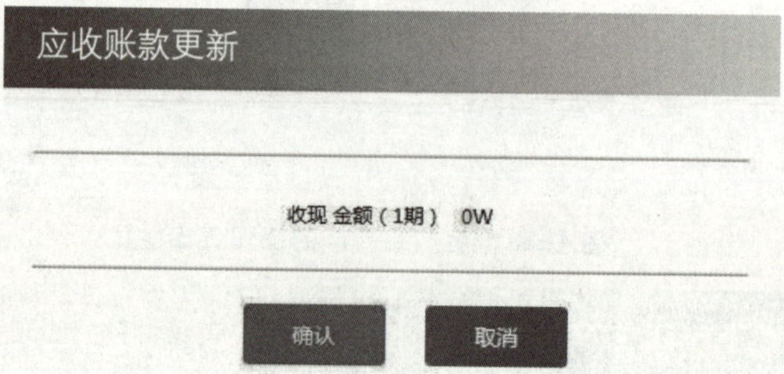

图 4-21 应收账款更新的操作界面

13. 按订单交货

① 系统自动列出当年未交且未过交货期的订单。

② 自动检测成品库是否足够，交货期是否过期。

③ 公司要一次性按照规定数量交货，不得多交，不得少交，也不得拆分交货。

④ 必须当期交货，不得拖延到下一期，可以提前交货，不可推后，如交货期为3季订单，可以在第1季、2季、3季任意季交货，不可在第4季交货，违约会受到相应处罚。

⑤ 收现时间从实际交货季度算起，若账期为0，则交货时直接收到现金。

交货订单的操作界面如图4-22所示。

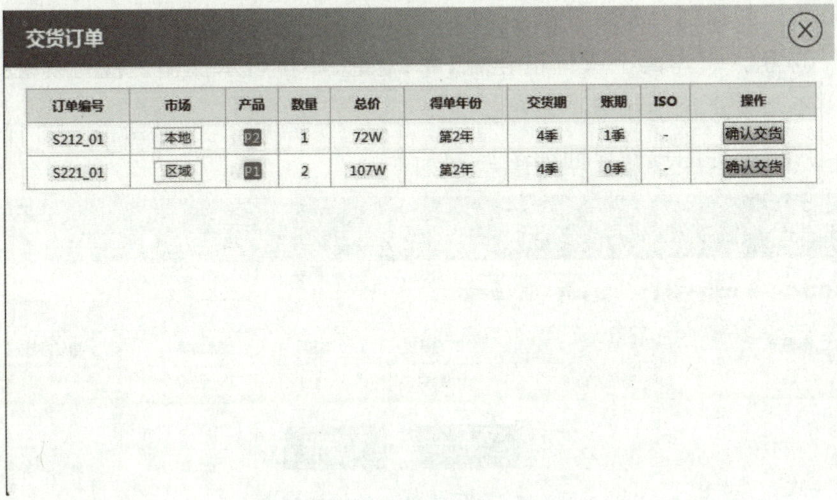

交货订单

订单编号	市场	产品	数量	总价	得单年份	交货期	账期	ISO	操作
S212_01	本地	P2	1	72W	第2年	4季	1季	-	确认交货
S221_01	区域	P1	2	107W	第2年	4季	0季	-	确认交货

图 4-22　交货订单的操作界面

14. 产品研发

① 复选操作，需同时选定要开发的所有产品，一季只允许操作一次。

② 单击“确认”，将退出本窗口，一旦退出，则本季不能再次进入操作。

③ 产品研发必须按照投资时间多次投资，系统不会自动进行。

产品研发的操作界面如图4-23所示。

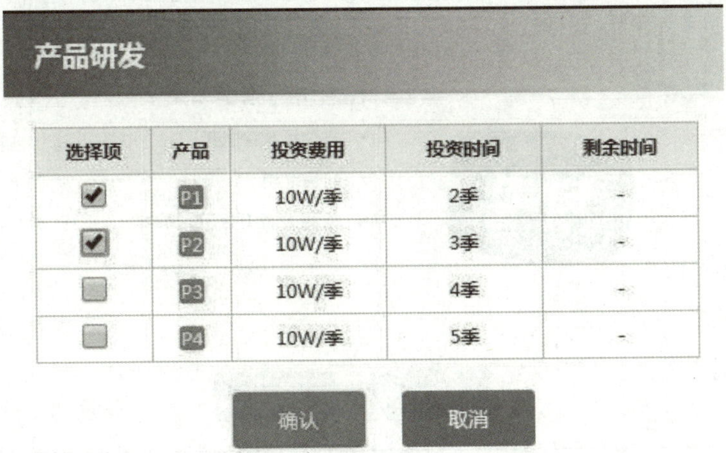

产品研发

选择项	产品	投资费用	投资时间	剩余时间
✔	P1	10W/季	2季	-
✔	P2	10W/季	3季	-
	P3	10W/季	4季	-
	P4	10W/季	5季	-

确认　取消

图 4-23　产品研发的操作界面

15. 厂房处理

① 本操作适用于已经在用的厂房，若要新置厂房，请选择“购置厂房”。

② 厂房处理方式为卖出（买转租）、退租、租转买。

③ 如果拥有厂房内部无生产线，可直接卖出。

④ 如果拥有厂房内部有生产线，当卖出厂房后，生产线将自动转成租赁方式，扣除当年租金并增加4Q应收账款。

⑤ 租入厂房离上次付租金满1年，如果不执行本操作，视为续租，并在当季结束时自动扣下一年租金。

厂房处理的操作界面如图4-24所示。

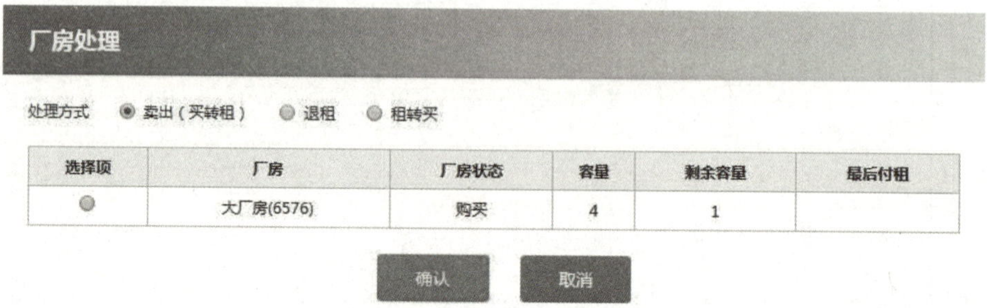

图4-24 厂房处理的操作界面

16. 当季结束

① 一季经营完成需要当季结束确认。

② 系统自动扣管理费（10W/季）及续租租金，并且检测产品开发完成情况。

当季结束的操作界面如图4-25所示。

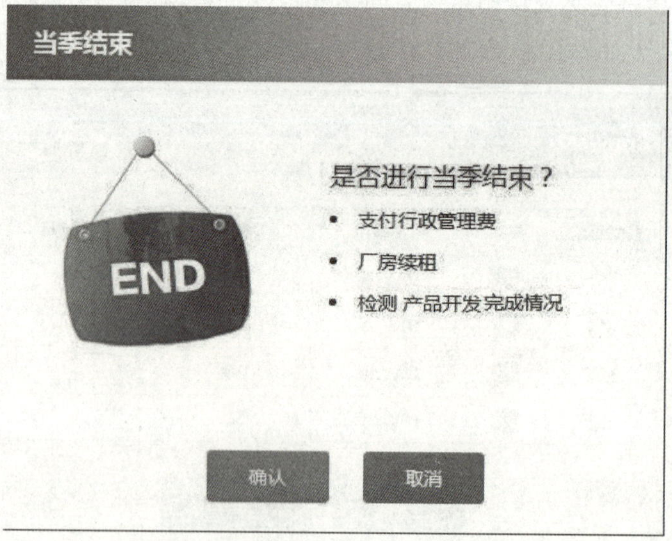

图4-25 当季结束的操作界面

17. 市场开拓

市场开拓演示

① 复选所要开拓的市场，单击“确认”。

② 只有第4季可操作一次。

市场开拓的操作界面如图4-26所示。

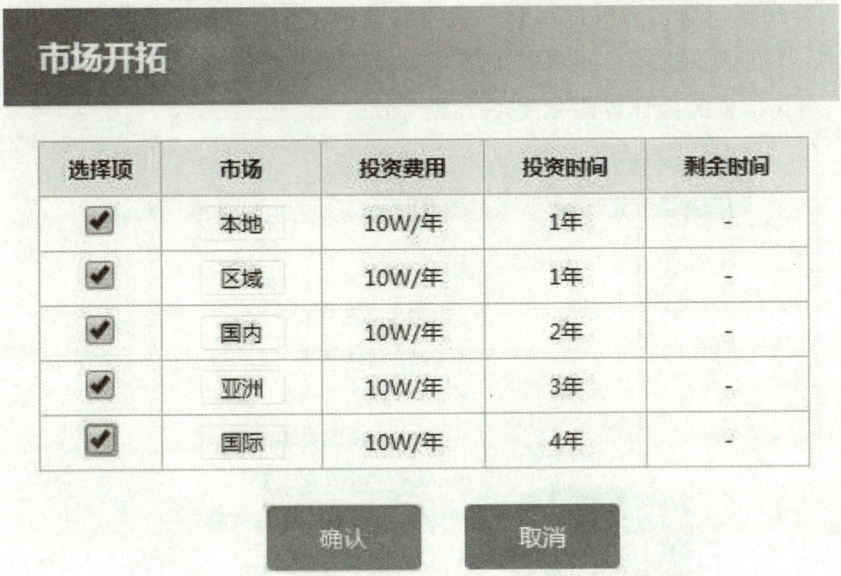
市场开拓

选择项	市场	投资费用	投资时间	剩余时间
✔	本地	10W/年	1年	-
✔	区域	10W/年	1年	-
✔	国内	10W/年	2年	-
✔	亚洲	10W/年	3年	-
✔	国际	10W/年	4年	-

确认 取消

图 4-26　市场开拓的操作界面

18.ISO 认证投资

① 复选所要投资的资格，单击“确认”。

② 只有第 4 季可操作一次。

③ ISO 认证投资必须按照投资时间多次投资，系统不会自动进行，可以中断投资。

ISO 认证投资的操作界面如图 4-27 所示。

ISO 认证投资

选择项	ISO	投资费用	投资时间	剩余时间
✔	ISO 9000	10W/年	2年	--
✔	ISO 14000	20W/年	2年	--

确认 取消

图 4-27　ISO 认证投资的操作界面

19. 当年结束

① 第 4 季经营结束，需要当年结束，确认一年经营完成。系统会自动完成以下任务：支付第 4 季管理费、支付设备维护费、计提折旧、违约扣款、检测产品研发完成情况、检测市场开拓及 ISO 认证投资完成情况等。

② 在服务器端，系统自动生成综合费用表、利润表和资产负债表。

③ 在客户端，需要企业填写资产负债表，系统将自动与服务器端进行核对，不正确会提示，也可以不填写报表，不影响后续经营。

当年结束的操作界面如图4-28所示。

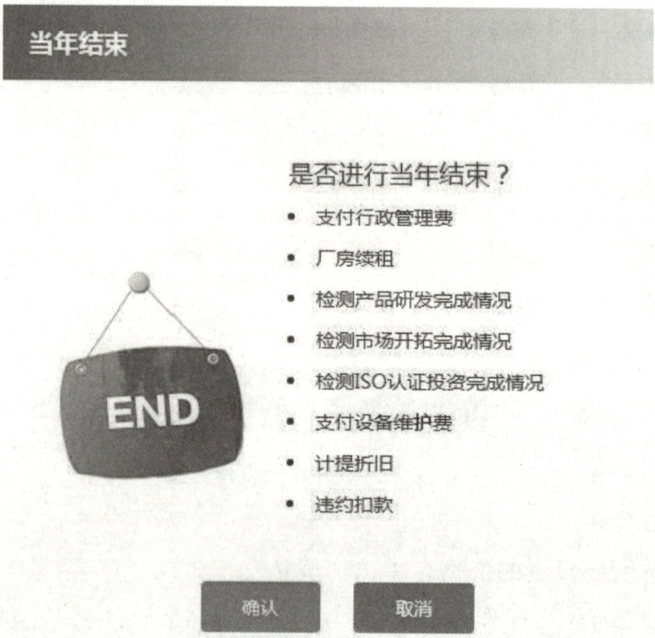

图4-28 当年结束的操作界面

广告订单演示

小提示：

(1) 我们将一个市场与产品的组合称为回合。如图4-29所示，分别为（本地，P1）、（本地，P2）、（本地，P3）、（本地，P4）；（区域，P1）、(区域，P2)……(国际、P4)一共20个回合。

(2) 在一个回合中，每投放10W即最小得单广告费额（参数，可以修改）将获得一次选单机会，此后每增加20W多一次选单机会，但能否可以行使多次机会取决于市场需求、竞争态势。若投小于10W广告费则无选单机会，但仍扣除广告费，对计算市场广告费额有效。

20. 投放广告

① 没有获得任何市场准入证时不能投放广告。

② 投放广告确认后，长期借款本息及税金同时被自动扣除。

③ 产品资格未开发完成时，也可以对该产品投放广告。

④ 在投放广告窗口中，市场名称为红色表示尚未开发完成，不可投广告。

广告投放的操作界面如图4-29所示。

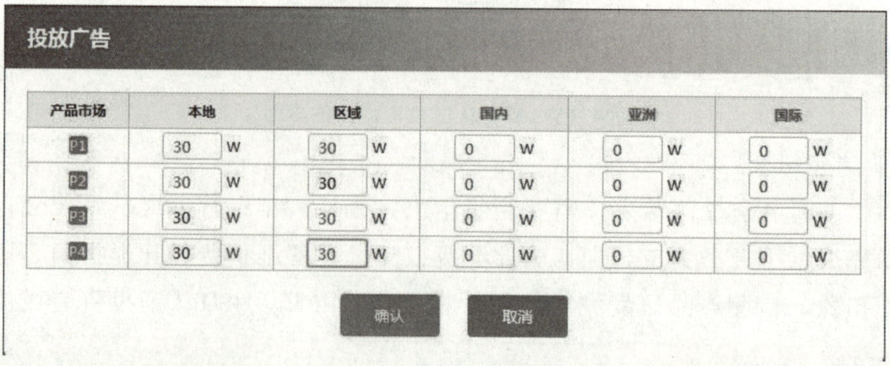

图4-29 投放广告的操作界面

21. 获取订单

订单选取演示

①参加订货会——选单。系统自动依据以下规则确定选单顺序：上年市场销售额第一名（且无违约）为市场老大，优先选单；之后以本回合广告费投放额大小顺序依次选单；若本回合广告费投放额相同，那么看本市场广告费投放总额；若本市场广告费投放总额也相同，那么看上年本市场销售额排名；若仍无法决定，先投广告者先选单。

②第1年无订单。

③每回合选单可能有若干轮，每轮选单中，各队按照排定的顺序，依次选单，但只能选一个订单。当所有队都选完一轮后，若再有订单，有两次选单机会的各队进行第二轮选单。直到所有订单被选完或所有队退出选单为止，本回合结束。

④当轮到某一公司选单时，系统以倒计时的形式，给出本次选单的时间，在规定的时间内，公司必须做出选择，否则系统自动视为放弃选单。

⑤当公司主动选择放弃回合选单时，不影响其他回合的选单，仍可观看其他队选单。

⑥选单时可以根据订单各要素（总价、单价、数量、交货期、账期等）进行排序，辅助选单。

选单的操作界面如图4-30所示。

ID	用户	产品广告	市场广告	销售	违约	次数
1	U16	34	34	0	无	2次
2	U11	22	55	0	无	1次
3	U08	13	23	0	无	1次
4	U04	11	22	0	无	1次
5	U18	10	20	0	无	1次
6	U12	53	53	0	无	2次

ID	编号	总价	单价	数量	交货期	账期	ISO	操作
1	190231	498	124.50	4	3	2	9	-
2	190232	370	123.33	3	1	3	9	-
3	190233	248	124.00	2	2	1	-	-
4	190235	130	130.00	1	1	0	-	-
5	190236	375	125.00	3	2	2	9	-

图4-30　选单的操作界面

⑦参加竞单会。竞单在选单后，不一定年年有，可在系统参数中设置哪年有竞单会。

⑧竞单总价不能低于（可以等于）成本价，也不能高于（可以等于）成本价的3倍。

⑨参加竞单的公司需要有相应的市场、ISO认证的资质，但不必有生产资格。

竞单的操作界面如图4-31所示。

9	28J16	本地	P3	4	-	完成	U18	360W	2季	2季
10	28J17	本地	P3	3	9	完成	U01	315W	2季	4季
11	28J18	本地	P3	2	-	完成	U02	170W	2季	2季
12	28J25	本地	P4	3	9 14	完成	U13	309W	1季	0季
13	28J11	区域	P1	2	-	完成	U10	110W	1季	4季
14	28J08	区域	P2	5	-	完成	U09	440W	1季	0季
15	28J19	区域	P2	3	9	完成	U10	220W	2季	2季
16	28J21	区域	P2	2	-	完成	U19	176W	1季	2季
17	28J09	区域	P3	4	-	完成	U01	409W	1季	4季
18	28J10	区域	P3	3	-	完成	U17	320W	1季	1季
19	28J20	区域	P3	5	-	设置竞价	-	-	-	-
20	28J26	区域	P4	2	14	设置竞价	-	-	-	-
↑本用户出价								300W	4季	0季
21	28J27	区域	P4	4	-	等待	-	-	-	-
22	28J14	国内	P1	4	9 14	等待	-	-	-	-
23	28J23	国内	P2	4	-	等待	-	-	-	-

图4-31　竞单的操作界面

22. 紧急采购

① 可以在任意时间操作。

② 单选需购买的原料或产品，填写购买数量后确认采购。

③ 确认后，扣款到货。

④ 购买的原料和产品均按照直接成本计算，高于直接成本的部分，记入当年综合费用表中的“损失”项目。

紧急采购的操作界面如图4-32所示。

紧急采购

原料	现有库存	价格	订购量
R1	2	20W	0
R2	2	20W	0
R3	0	20W	0
R4	0	20W	0

确认采购

产品	现有库存	价格	订购量
P1	0	60W	0
P2	0	90W	0
P3	0	120W	0
P4	0	150W	0

确认采购

图4-32　紧急采购的操作界面

23. 出售库存

① 可在任意时间操作。

② 填入出售原料或产品的数量，然后确认出售。

③ 出售后的损失部分记入当年综合费用表中的“损失”项目。

④ 所得现金四舍五入。（已出售的原料或产品相加再乘以折扣）。

出售库存的操作界面如图 4-33 所示。

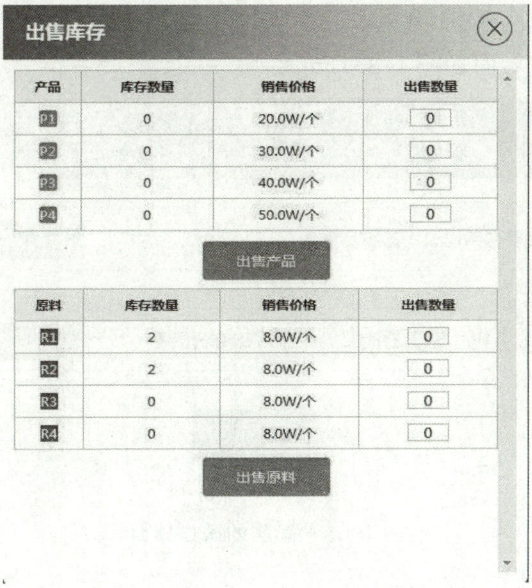

图 4-33　出售库存的操作界面

24. 贴现

① 可任意时间操作且次数不限。

② 填入贴现额小于等于应收账款。

③ 贴现额乘以对应贴现率，求得贴现费用（即贴现利息，向上取整），记入当年利润表中的“财务费用”项目，剩余部分直接增加库存现金。

④ 1、2 季与 3、4 季分开贴现。

⑤ 1、2 季与 3、4 季应收账款加总贴现。

贴现的操作界面如图 4-34 所示。

图 4-34　贴现的操作界面

25. 间谍

任意时间操作，可查看任意一家企业信息，包括资质、厂房、生产线、订单等。每次花费1W。

间谍的操作界面如图4-35所示。

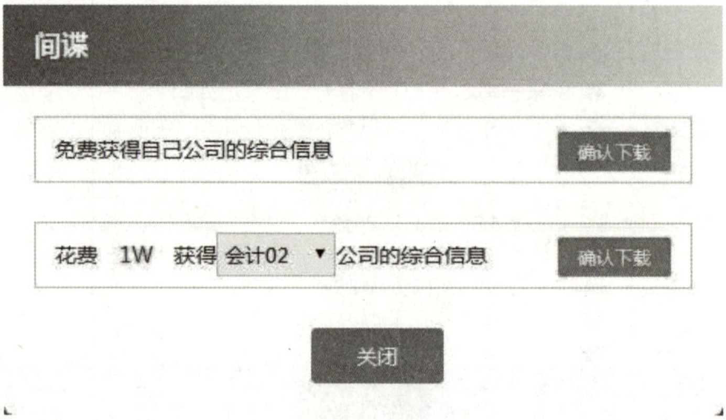

图4-35 间谍的操作界面

26. 查看市场预测

任意时间可以查看，只有选单信息。市场均价预测界面如图4-36所示。

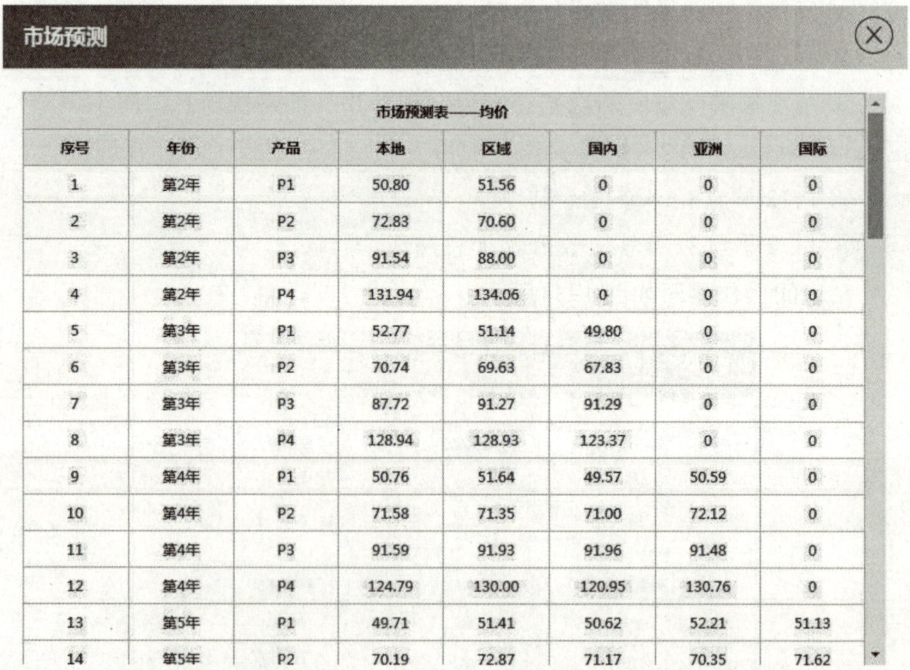

市场预测表——均价

序号	年份	产品	本地	区域	国内	亚洲	国际
1	第2年	P1	50.80	51.56	0	0	0
2	第2年	P2	72.83	70.60	0	0	0
3	第2年	P3	91.54	88.00	0	0	0
4	第2年	P4	131.94	134.06	0	0	0
5	第3年	P1	52.77	51.14	49.80	0	0
6	第3年	P2	70.74	69.63	67.83	0	0
7	第3年	P3	87.72	91.27	91.29	0	0
8	第3年	P4	128.94	128.93	123.37	0	0
9	第4年	P1	50.76	51.64	49.57	50.59	0
10	第4年	P2	71.58	71.35	71.00	72.12	0
11	第4年	P3	91.59	91.93	91.96	91.48	0
12	第4年	P4	124.79	130.00	120.95	130.76	0
13	第5年	P1	49.71	51.41	50.62	52.21	51.13
14	第5年	P2	70.19	72.87	71.17	70.35	71.62

图4-36 市场预测界面

27. 操作注意事项

① 广告投放完毕、当季开始、当季（年）结束、原材料库更新等环节，系统自动检测已有库存现金加上最大贴现及出售所有库存、出售厂房和变卖生产线等后，是否有足够库存现金支付支出额，若不够，则破产退出系统。

② 当库存现金不够支付支出时，系统会提示“现金不足”。

③ 需要注意“原材料库更新”和“应收账款更新”两个操作。一旦完成这两个操作，将关闭它们之前的操作按钮。

④ 多个操作按钮同时被打开时，对操作顺序无严格要求，但建议按顺序操作。

⑤ 市场开拓与ISO认证投资仅仅第4季可操作。

任务4 填制年终经营报表

【实训目的】

熟悉年终经营报表的种类和格式

掌握资产负债表及其经营报表的填制方法

提高编制年终经营报表的综合操作能力

每个企业团队（模拟企业）经过一年的运营，其当年经营成果如何、所有者权益情况如何、当年现金流量及年末结存情况如何、当年预测和决策有何得失、生产和销售存在什么问题，以及竞争对手经营状况如何、市场存在哪些潜能和机遇、下一年的战略和竞技战术需要做哪些调整等，都要在每个年度经营终了，进行全面深入的分析研究，并做好下一年度经营预案。为了做好这一工作，必须对当年的重要财务信息进行梳理、归纳，并以各种报表形式反映出来。因此，填制和分析年终经营报表是每个企业经营团队的一项非常重要的任务。同时，完成此项工作任务，是检验企业团队填制财务报表知识和能力的一个重要环节。年终经营报表主要有经营流程表、综合费用表、利润表和资产负债表。

> **小提示：**
>
> （1）经营流程表、综合费用表、利润表和资产负债表4个表格之间存在着数据勾稽关系。其中：
>
> ①填制的经营流程表的有关数据需记入综合费用表和利润表的相关项目。
>
> ②综合费用表的有关数据需记入利润表相关项目；利润表的有关数据需记入资产负债表相关项目。
>
> （2）在ERP沙盘模拟企业经营竞赛中，各企业团队只提交资产负债表，提交的资产负债表与系统生成的资产负债表要进行数据核对，核对有误者按竞赛规则予以扣分。

1. 填制经营流程表

经营流程表类似于财务会计中的现金流量表，一般由CEO或财务总监填制，是根据每一步业务操作逐笔做出的记录，主要登记企业在运营中的现金收支情况，还要记录一些与现金收支无关的事项。填制经营流程表，不仅可以训练和提高编制现金流量表的基本能力，而且通过此表可以随时查询本年度的经营状况。在选单完毕后，还可通过此表对下一年度的经营活动进行预测和决策。经营流程表见表4-10。

表4-10 经营流程表

	手工操作流程	系统操作	手工记录			
年初	新年度规划会议					
	广告投放	输入广告费确认				
	支付所得税	系统自动				
	支付长期借款利息	系统自动				
	更新长期借款/长期借款还款	系统自动				
	选单/竞单/登记订单	选单				
	申请长期借款	输入贷款数额并确认				
1	季初盘点	产品下线，生产线完工（自动）				
2	更新短期借款/还本付息	系统自动				
3	申请短期借款	输入贷款数额并确认				
4	原材料入库/更新原材料	确认金额				
5	下原材料订单	输入并确认				
6	购买/租用——厂房	选择确认，自动扣库存现金				
7	更新生产/完工入库	系统自动				
8	新建/在建/转产/变卖——生产线	选择并确认				
9	紧急采购	输入并确认（随时进行）				
10	开始下一批生产	选择并确认				
11	更新应收账款/应收账款收现	系统自动				
12	按订单交货	选择交货订单确认				
13	产品研发投资	选择并确认				
14	厂房——出售（买转租）/退租/租转买	选择确认				
15	新市场开拓/ISO认证投资	选择确认				
16	支付管理费/更新厂房租金	系统自动				
17	出售库存	输入并确认（随时进行）				
18	厂房贴现及利息	随时进行				
19	应收账款贴现及利息	输入并确认（随时进行）				
20	季末收入合计					
21	季末支出合计					
22	季末对账					
年末	缴纳违约订单罚款	系统自动				
	支付设备维护费	系统自动				
	计提折旧	系统自动				
	结账					

经营流程表中的“手工记录”栏目，共设置4列，每列登记一个季度，对应的是“手工操作流程”栏目中的各个项目。在具体填列时，大部分手工操作流程项目需登记发生的金额，比如“广告投放”“支付所得税”等项目；个别项目可用打“✔”表示完成，比如“新年度规划会议”等。经营流程表中的“系统操作”栏目系电子沙盘对应的操作流程，在商战软件中完成。

年末终了时，经营流程表中涉及的费用、成本、收入等相关数据将要记入综合费用表和利润表对应项目，具体填列方法见表4-11。

表4-11 **费用、成本、收入与其应记入的报表及项目**

各操作流程产生的费用、成本、收入	应记入的报表及其项目
广告投放	综合费用表中的“广告费”项目
支付所得税	利润表中的“所得税费用”项目
支付长期借款利息	利润表中的“财务费用”项目
更新短期借款/还本付息	利息记入利润表中的“财务费用”项目
购买/租用——厂房	综合费用表中的“租金”项目
新建/在建/转产/变卖——生产线	综合费用表中的“转产费”或“损失”项目
紧急采购（随时进行）	综合费用表中的“损失”项目
按订单交货	利润表中的“销售收入”和“直接成本”项目
产品研发投资	综合费用表中的“产品研发费”项目
厂房——出售（买转租）/退租/租转买	综合费用表中的“租金”项目
新市场开拓/ISO 认证投资	综合费用表中的“市场开拓费”“ISO 认证费”项目
支付管理费/更新厂房租金	综合费用表中的“管理费”“租金”项目
出售库存	损失部分记入综合费用表中的“损失”项目
厂房贴现及利息	利息记入利润表中的“财务费用”项目
应收账款贴现及利息	利润表中的“财务费用”项目
缴纳违约订单罚款	综合费用表中的“损失”项目
支付设备维护费	综合费用表中的“维护费”项目
计提折旧	利润表中的“折旧”项目

2.填制综合费用表

综合费用是由企业发生的多种费用要素组成的，具体分为管理费、广告费、维护费、损失、转产费、租金、市场开拓费、产品研发费、ISO认证费和信息费10个项目。这些费用在财务会计中一般归属于“管理费用”和“销售费用”会计科目。在年度终了，企业应当按照实际发生的各项费用填制综合费用表。该表主要由财务总监负责填制，有些数据需企业团队其他成员提供。该表的合计金额要记入利润表中的“综合费用”项目。通过该表可以了解企业当年发生费用构成及金额，进行费用成本分析。综合费用表及其填制方法见表4-12。

表4-12 综合费用表及其填制方法

项 目	金 额	填制方法
管理费		按规则规定的金额填写（每季度10W）
广告费		根据市场总监提供的在选单、竞单时投入的广告费汇总填写
维护费		根据生产总监提供的当年选用的生产线及规定的维护费汇总填写
损失		根据CEO提供的库存折价拍卖、生产线变卖、紧急采购和订单违约产生的损失汇总填写
转产费		根据生产总监提供的生产线转产时发生的费用汇总填写
租金		根据CEO提供的当年厂房租金等填写
市场开拓费		根据市场总监提供的年底市场开拓费用填写
产品研发费		根据生产总监提供的年底产品研发费用填写
ISO认证费		根据生产总监提供的年底ISO认证费用填写
信息费		根据CEO提供的在使用“间谍”功能时支付费用填写
合 计		以上各项费用之和

3.填制利润表

利润表反映的是企业在一个经营年度的经营成果，即企业在该年度所取得的利润，是企业经济效益的综合体现。该表与财务报表中利润表基本一致，只是列示的具体项目名称及明细程度有所不同。该表中最后计算出的年度净利润要记入资产负债表中“所有者权益”大项的“年度净利”项目。填制该报表可以了解企业当年净利润的形成原因，以及销售收入、直接成本、综合费用、折旧、财务费用、所得税费用等的构成，并在此基础上进行深入的财务分析。该表由财务总监在年终经营终了时填制。利润表及其填制方法见表4-13。

小提示：

利润表中“上期金额”栏各项目金额应根据上年度利润表中“本期金额”栏对应项目金额直接填写。

表4-13 利润表及其填制方法

行次	项 目	本期金额	上期金额	填制方法（本期金额栏）
1	销售收入			当年完成订单的销售额合计（包括未收现部分）
2	直接成本			当年完成订单的成本额合计（包括原材料金额和加工费）
3	毛利			行次 1 金额-行次 2 金额
4	综合费用			根据综合费用表中的合计数填写
5	折旧前利润			行次 3 金额-行次 4 金额
6	折旧			根据当年计提的折旧数额填写
7	支付利息前利润			行次 5 金额-行次 6 金额
8	财务费用			根据当年计算的长短期借款利息、贴现息汇总填写
9	税前利润			行次 7 金额-行次 8 金额
10	所得税费用			行次 9 金额×25%（四舍五入）
11	年度净利润			行次 9 金额-行次 10 金额

4.填制资产负债表

资产负债表是反映企业当年年末财务状况的财务报表，是根据“资产=负债+所有者权益”这一会计等式，按照一定的分类标准和一定的次序，将企业当年年末全部资产、负债和所有者权益项目进行适当的分类、汇总、排列后编制而成的。该表与财务会计中的资产负债表大致相同，只是个别项目的列示名称或明细程度不同。

填制资产负债表可以训练和提高编制财务会计中相关报表的基本能力。通过该表可以反映企业资产、负债和所有者权益的全貌，以及企业资产、负债及所有者权益的构成，正确评估企业的财务状况，分析企业的偿债能力，为未来的经营决策提供信息。该表在年度终了由财务总监根据物理沙盘有关盘面填制。资产负债表见表4-14。

小提示：

填制资产负债表是企业团队的一项非常重要的工作，在ERP沙盘模拟企业经营竞赛中，各企业团队只提交资产负债表，提交的资产负债表与系统生成的资产负债表要进行数据核对，核对有误者按竞赛规则予以扣分。

表4-14 **资产负债表** 单位：万元

项目	期末余额	年初余额
货币资金		
应收账款		
存货	—	—
在产品		
产成品		
原材料		
流动资产合计		
固定资产	—	—
厂房		
机器设备		
在建工程		
非流动资产合计		
资产总计		
短期借款		
应交税费	—	—
应交所得税		
流动负债合计		
长期借款		
其他非流动负债	—	—
特别贷款		
非流动负债合计		
负债合计		
实收资本（或股本）		
未分配利润	—	—
利润留存		
年度净利		
所有者权益（或股东权益）合计		
负债和所有者权益（或股东权益）总计		

资产负债表“期末余额”栏各项目填制方法见表4-15。

表4-15　资产负债表“期末余额”栏各项目填制方法

资产项目	填制方法	负债和所有者权益（或股东权益）项目	填制方法
货币资金	根据财务中心盘面“现金”计算填写	短期借款	根据财务中心盘面“短期借款”计算填写
应收账款	根据财务中心盘面“应收账款”计算填写	应交所得税	根据当年利润表中的“所得税费用”金额填写
在产品	根据生产中心盘面“在制品”计算填写	长期借款	根据财务中心盘面“长期借款”计算填写
产成品	指库存产品。根据物流中心盘面“产品”计算填写	特别贷款	指破产企业申请的贷款。根据财务中心盘面“特别贷款”计算填写
原材料	指库存原材料。根据物流中心盘面“原料”计算填写	实收资本（或股本）	指股东初始资本。根据规则设定金额填写
厂房	指厂房价值。根据生产中心盘面“厂房”计算填写	利润留存	根据上年资产负债表中的“利润留存”和“年度净利”合计数填写
机器设备	指设备净值。根据生产中心盘面“生产线”计算填写	年度净利	根据当年利润表中的“年度净利润”金额填写
在建工程	指在建设备价值。根据生产中心盘面“生产线”计算填写		

小提示：

资产负债表“年初余额”栏有关项目的金额根据上年度资产负债表“期末余额”对应项目直接填列。

如果企业本年税前利润在弥补前5年亏损之后，仍有盈利，则“盈利部分×所得税税率”计入当年应交所得税，并在下一年交纳。比如第1~3年税前利润分别为-5W、-6W、20W，则第1年和第2年不计税，第3年计税为（-5-6+20）×25%=2.25W，则实际支付2W（四舍五入），并在第4年年初付现交纳。

再如，第1~3年税前利润分别为-5W、6W、5W，第2年产生应税利润1W，1×25%=0.25W，四舍五入后当年不计税；但因为第2年未交税，该1W应税利润要累积到下一年，故第3年应税利润为1+5=6W，计6×25%=1.5W的税，四舍五入为2W。

5.提交综合费用表、利润表、资产负债表

在商战实践平台中，公司一年经营完毕后，需要将企业的综合费用表、利润表、资产负债表向服务器提交，服务器会自动对公司提交的三表进行判定，并将结果填写是否正确反馈给公司。

三表填写界面如图4-37至图4-39所示。

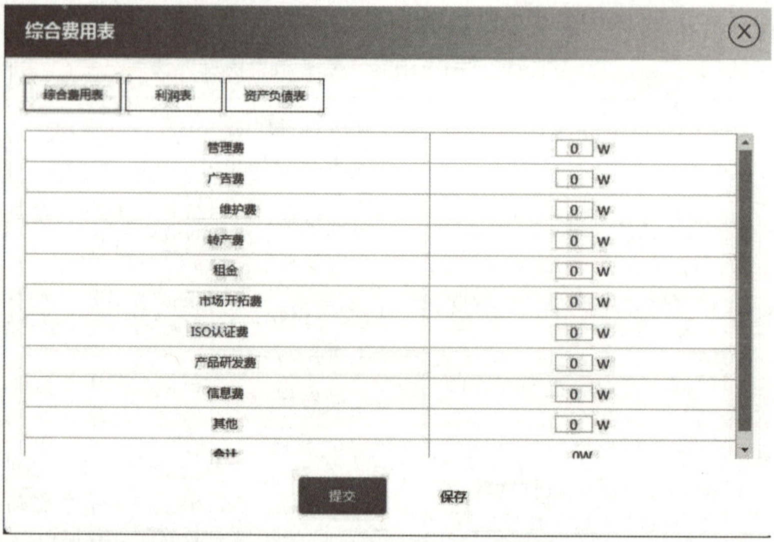

图4-37　综合费用表填写界面

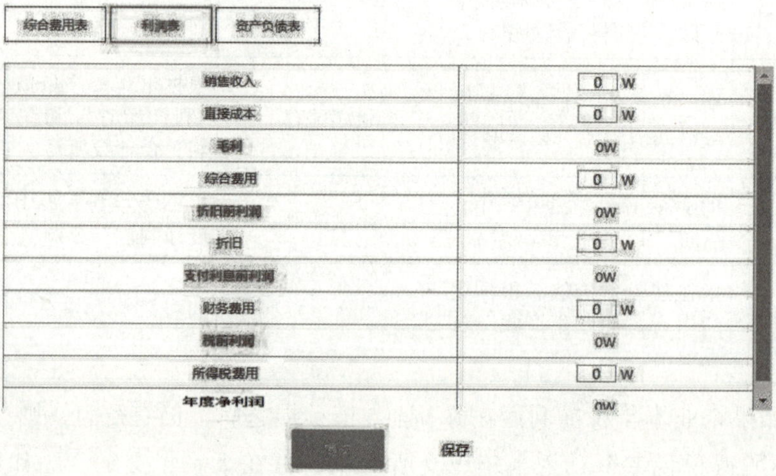

图4-38　利润表填写界面

图4-39　资产负债表填写界面

项目5
体验约创云平台模拟企业经营

约创云平台（全称为约创互联网+创新创业实践教育平台）是新道全新制作的新一代以互联网为载体的实践教育云平台。该平台在新道原模拟企业经营的基础上，吸收了众多模拟企业经营类软件的优点，让学生以游戏般的方式体验创业企业的建立，体验企业经营管理流程，体验企业在竞争的环境下生存、发展的过程以及为此过程而必须做出的关键决策等，让学生在竞技中体验创业的艰难，在竞技中学习经营管理的精髓，提升个人创业素养。

任务1 掌握约创系统通用规则

【实训目的】

掌握约创云平台下企业经营的通用规则

熟悉每个经营时段任务清单以及业务执行操作中的相关规定

小提示：

企业经营规则及参数可由裁判自行进行设定，本任务以新道约创系统通用规则为例进行讲解和阐述。

1.模拟企业初始状态设定

本公司股东注册资金为700万元，经过一年的经营，现已开拓了本地和区域两个市场。为了公司能够更好的发展，在未来的几年里跻身同行业的前列，公司股东大会决定，任用一批优秀的年轻人才，来接手公司，合同期限为4年，使公司的市场地位得到进一步提升，提高生产效率，击败其他竞争对手，获得更大的利润。现在由你们5人分别担任总经理、采购总监、生产总监、销售总监、财务总监，请根据公司现有的情况与未来4年的市场预测去经营公司，相信你们在未来的4年中能够闯出属于自己的一片天地。

2.比赛经营年数及每年运行时间

企业经营以一年为周期运行，共进行4年运行。每年分年初、年中和年末3个时段运行，3个时段的操作不重叠。每年各时段经营功能的时间分配见表5-1。

3.年初时段任务清单

年初时段用于当年参加各市场的销售订货会、市场资质的研发投资，

表5-1　每年各时段经营功能的时间分配

经营功能	运行启动	年初时段	年中时段	年末时段
促销及计划	裁判手动	5分钟	×	×
第1次申请订单	自动	10分钟	×	×
第2次申请订单	自动	5分钟	×	×
第1季度	自动	×	15分钟	×
第2季度	自动	×	15分钟	×
第3季度	自动	×	15分钟	×
第4季度	自动	×	15分钟	×
商业情报收集+报表审核上报	自动	×	×	10分钟

以及制订本年经营计划等活动。具体任务及限定时间见表5-2。

表5-2　年初任务清单

任务清单	岗位	促销及计划（5分钟）	申请订单及分配（1）（10分钟）	申请订单及分配（2）（5分钟）
投放促销广告	经理	√	×	×
市场资质（ISO）投资	经理	√	√	√
申请销售订单	全岗	×	√	√
生产线预配	生产、采购	√	√	√
贴现	财务	√	√	√
申请调拨资金	全岗	√	√	√

（1）促销及计划时段的操作规则

① 促销广告的目的是提升该市场中本企业的知名度排名，订单是按照申请者的知名度排名顺序进行分配的。企业知名度排名靠前的公司，更容易被分到申请的产品数量。

② 投放促销广告只能在表5-1规定的时间内进行，第1次申请订单时段开始时，就无法进行促销广告投放。

③ 投放促销广告分市场投放，每个市场投放的广告只影响本市场当年的企业知名度排名。

（2）第1次申请订单的操作规则

① 所有市场的所有产品均可同时按订单进行产品数量申请。

② 所有岗位都可以进行任何市场的订单申请，系统只更新接受最后一次申请的数量。

③ 清除某张订单的申请数时，只需将该订单的申请数填为“0”，即可。

④ 第1次申请时间结束后，系统将进行第1次订单分配，即每张订单按照申请公司的企业知名度排名顺序，依次进行分配，直到该订单的产品数量为“0”时，本张订单的分配结束，开始下一张订单的分配操作。对于企业知名度排名靠后的公司，存在拿不到或拿不足申请的产品数量的风险。

（3）第2次申请订单操作规则

① 第1次未分配完的产品订单在第2次申请时段显示，已经分配完的订单不再出现在可选订单中。

② 其余的操作与第1次申请一样，直到第2次申请时间结束，系统自动进行第2次分配。

4.年中时段运行操作

①年中运行采用虚拟天逐天运行的方式，30天为1个月，3个月为1季，12个月为1年的虚拟运行时间。

②年中经营采用区段（季度）限定，日期自选的方式。每季度运行时间限制在15分钟，即15分钟自动换季。

③在每季区段内，各队可以自主在1个月内选择经营日期进行操作，如1月1日，1月30日，允许跳选日期操作，只能向前跳选日期，禁止回退。

④在1个季度中，可以自行结束每月的操作，进入下月的选定日期操作，但每季度最后1个月，只能等待统一的季度结束时间，不能自主跳到下个季度开始。

⑤选择日期只能由总经理操作。

⑥跳过的日期中如有没有完成的操作，系统会自动根据选定的日期判断跳过的操作是否违约，比如：从3月1日跳到3月10日，中间的3月5日有原料到货的操作未执行，则跳到3月10日时，系统自动判定3月5日应到货的采购订单为“收货违约”。

⑦运行中操作页面上的时间进度条表示本季度运行的剩余时间（系统时间），但总经理选定操作日期后，其他操作岗可以点击日期旁的刷新按钮，刷新当前日期。

⑧设定的每季度运行时间一到，系统将自动结束本季度，所有未完成的操作，都将被自动跳转到本季度结束状态，并马上进入下一季度的运行期。

5. 年末时段运行操作

①年末时段所有经营操作均被停止，必须在规定的时间内完成以下操作：

a. 经营报表合成。

b. 经营报表上报。

c. 商业情报收集。

②各岗位填写报表并提交后，才能合成上报的经营报表。

③岗位报表可以多次提交，每次提交都重新合成上报的经营报表。

④合成的经营报表不能直接修改，必须经岗位报表修改后再次合成。

⑤合成的经营报表由总经理或财务总监完成上报。

⑥提交合成的经营报表后，当年经营活动关闭，当年的经营报表不能进行修改，待系统的“年末”到时后，可以在“报表上报”窗口中，选择本年查询经营报表的“系统值”和“上报值”的对比数据。

⑦如果没有在规定的时间内上报经营报表，年末结束时，系统自动关闭本年的所有报表操作，同时，可以查询经营报表的系统值。

⑧进入年末时段，可以查询当年的“经营结果排名”。

⑨年末时段，总经理可以进行商业情报收集，查看任何公司的详情，便于了解其他公司的经营动向，制定合理的经营战略。

6. 业务执行的容忍期

凡是在规定日期没有完成的业务操作，允许延迟一段时间继续执行，这个延迟的时段称为容忍期，在容忍期内除了按照业务要求进行操作外，必须：

①支付相应的违约金，在支付业务费用的同时支付违约金。

②扣减经营诚信度值。

7. 业务执行的强制取消/执行

容忍期结束时仍不能完成业务操作时，该业务将被强制处理：

①订单被“强制取消”，包括销售订单被取消，采购订单被取消，同时，强制扣缴违约金，并额外再扣减经营诚信度值，取消的订单将返回市场继续交易。

②业务被“强制执行”。比如，费用支付的业务被强制执行，如应还的贷款或利息等连同违约金，被强制从公司账户中扣缴，如果账户资金不足，将扣减至负值，并额外再扣减经营诚信度值。

小提示：

容忍期内处理业务和强制取消/执行是两种不同的惩罚措施。比如，容忍期内，原操作仍然可以进行，只是需要扣缴违约金，并扣减一次经营诚信度值，即OID减数1值；如果强制执行，不允许进行原操作，系统强制扣缴费用和违约金等，而且扣除OID减数1值，还要继续扣减经营诚信度值，即OID减数2值。

8. 企业知名度和经营诚信度

①企业知名度是公众对企业名称、商标、产品等方面认知和了解的程度。企业知名度分市场计算，各公司在一个市场中的企业知名度排名，决定该市场订单分配的先后顺序。

②经营诚信度（简称OID）是反映经营信用程度的指标，与公司运行行为关联，不符合规则的业务行为，将减少“经营诚信度”，每项业务的操作或对OID产生增值的效应，或对OID产生减值的效应。OID的变化计算公式为：

某市场的OID量化值 = 市场当前OID值 + 市场OID增值-OID减值，OID增值每年年末自动计算一次；OID减值计算实时进行。OID增减相关的主要经营操作见表5-3。

表5-3　　OID增减相关的主要经营操作

序号	动作	岗位	本地OID	区域OID	国内OID	亚洲OID	国际OID	容忍期	扣减违约金
1	交货无违约	系统	+	+	+	+	+	无	无
2	市场份额	系统	+	+	+	+	+	无	无
3	贷款无违约	系统	+					无	无
4	付款收货无违约	系统	+					无	无
5	订单违约交单	销售	–	–	–	–	–	有	有
6	取消订单强制扣除违约金	销售	–	–	–	–	–	有	有
7	原料订单延迟收货违约	采购	–					有	有
8	取消原料订单强制扣违约金	采购	–					有	有
9	零售市场出售原料未能履约	采购	–					有	有
10	零售市场出售产品未能履约	销售	–					有	有
11	代工延迟收货违约	销售	–					有	有
12	取消代工订单并强制扣除违约金	销售	–					有	有
13	贷款延迟还款违约	财务	–					有	有
14	强制扣除应还贷款及违约金	财务	–					有	有
15	贷款利息延迟支付违约	财务	–					有	有
16	强制扣除应还贷利息及违约金	财务	–					有	有
17	延迟支付维修费违约	财务	–					有	有
18	强制扣除维修费及违约金	财务	–					有	有
19	延迟支付厂房租金违约	经理	–					有	有
20	强制扣除厂房租金及违约金	经理	–					有	有

③某市场企业知名度的量化计算值 = 该市场当前OID值×（该市场当年战略广告×第1年有效权重 + 上年战略广告×第2年有效权重 + 前年战略广告×第3年有效权重） + 该市场当前的促销广告。

小提示：

广告和各年有效权重详见任务2：总经理相关技术规则“广告和企业知名度规则”。

9. 销售类型

销售类型分为订货、临时交易、现货。

①订货是以订货会的形式在每年年初举行，订货会有如下操作规则：

a. 订货会5个市场同时进行订单的申请和订单分配。

b. 为了避免濒临破产企业恶意选单，当权益为负值时，禁止企业参加第1轮选单。

c. 每一张销售订单都可以被拆分分配给不同的公司。

②临时交易是在年中运行期内发生已被分配的订单被取消时，重新设定“价格”和“交货期”后在临时交易市场中进行交易的活动。

a. 临时交易发生在年中（1至12月）的运行期间。

b. 临时交易的订单都是年初订货会中已被分配的被取消的订单。

c. 临时交易分市场进行。

d. 获取临时交易订单的资质要求与订货会的要求一样，除此之外要求公司本年在该市场中没有违约交货的记录。

e. 临时交易订单只能被运行在临时订单发生日期之后的公司查看到，运行时间在临时订单发生日期之前的公司将无法看到该订单。

f. 临时交易订单按照操作的系统时间先后顺序进行分配，与企业运行日期和企业知名度排名无关，即按照提交申请的系统时间确定先后。

g. 临时交易订单可以被分割获得，即可以获取订单中的部分产品数量。

③现货。

每年均可在现货市场中根据现货市场价格进行产品和原料的买进或卖出的交易活动。

a. 现货交易过程无需市场准入。

b. 现货交易直接现金结算。

10. 商业情报收集

比赛过程中，其他参赛队的经营状况有两个途径进行收集。

其一：每年年初订单分配后，可以从订货会窗口中的“订单分配详情”功能处获取，可以通过产品、获取人、市场3个条件任意组合进行过滤筛选，获得整个市场的订单获取情况。

其二：每年年末（10分钟），总经理操作获取各队的“公司详情”，获取商业情报的费用可查看规则。

小提示：

商业情报在年初和年中是不能获取的；现金为负的队伍无法获取情报。

总经理实操讲解

任务2 掌握约创系统各岗位技术规则

【实训目的】

掌握企业经营各岗位相关技术规则

具备优化资源配置和协同运作的能力

1.总经理相关技术规则

（1）市场资质研发规则（见表5-4）

表5-4 市场资质研发规则

资质名称	每次（年）投资额（万元）	本地市场研发投资次数	区域市场研发投资次数	国内市场研发投资次数	亚洲市场研发投资次数	国际市场研发投资次数	ISO 9000研发投资次数	ISO 14000研发投资次数
市场资质	10	1	1	2	3	4	2	3

①市场资质和ISO资质只能在每年年初阶段进行。

②每年只能进行一次投资。

③每年年初阶段投资一次启动研发工作，下年年初阶段完成本次研发。

④表5-4中规定的最后一次投资后，下一年资质才能生效，即可进入市场申请订单。

（2）产品生产资质研发规则（见表5-5）

表5-5 产品生产资质研发规则

序号	产品标识	投资期数（期）	每期投资额（万元）	每期天数（天）
1	P1	1	10	30
2	P2	2	10	30
3	P3	3	10	30
4	P4	4	10	60
5	P5	5	10	60

①只能在年中期间进行产品生产资质的研发，即每年的1月1日～12月30日期间。

②每期研发完成后，才能开始下期投资研发；可以选择马上开始下期研发，也可选择在之后的任何日期开始下期投资研发。

③最后一次投资研发到期后，系统自动授予产品生产资质。

④只有获得产品资质后才允许生产线开工生产。

⑤产品生产资质不允许转卖。

（3）厂房使用规则（见表5-6）

表5-6 厂房使用规则

序号	厂房标识	生产线容量（条）	购买价格（万元）	每年租金（万元）	出售账期（天）	租金违约金比例	违约容忍期（天）	OID减数1	OID减数2
1	A	2	200	20	120	0.1	30	0.1	0.1
2	B	3	300	30	120	0.1	30	0.1	0.1
3	C	4	400	40	120	0.1	30	0.1	0.1
4	D	5	500	50	120	0.1	30	0.1	0.1

①厂房租用以1年为期，每年支付租金，租用开始日期是支付租金日期，下1年到期日前（含到期日当天），必须支付下1年的租金，否则违约。

②租金到期前30天，便可进行续租支付。

③容忍期内支付厂房租金时，必须连同违约金一起支付，并扣减所有市场的OID值（OID减数1）。

④如果过了容忍期仍未支付租金，系统将强制扣除租金及违约金，并扣减所有市场的OID值（OID减数1和减数2）。

⑤购买的厂房可以改为租用，具体操作步骤为先支付一年的租金，成功后，再出售厂房。

⑥出售厂房后的回款，计入应收账款，账期为表5-6中的出售账期。

（4）广告和企业知名度规则（见表5-7）

表5-7 广告和企业知名度规则

广告类型	投放时间	市场	广告效应延迟时间	广告基数	第1年有效权重	第2年有效权重	第3年有效权重
战略	年中	分市场投放	3年	投入该市场有效战略广告总和	0.6	0.3	0.1
促销	每年订货会前	分市场投放	当年有效	该市场的促销广告总和	1	0	0

①广告分为战略广告和促销广告两类。

②企业知名度分市场进行排名。

③两类广告都分市场投放，用于本市场提升企业知名度排名。

④促销广告只能在年初订单申请前进行投放，直接用于本年度企业知名度排名。

⑤战略广告年中随时投放，但是只有在每季度末进行计算，下季度1

号显示上季度最终知名度排名，战略广告对知名度有延续3年的影响，即投放的广告参与各年（3年）知名度计算。

（5）控制推进日期的操作规则

①只能在年中阶段，控制本公司的运行日期。

②日期只能向后推进，无法退回。例如当前时间为3月1日，可将日期推进到3月15日，但无法将日期从3月15日退回到3月1日。

（6）总经理统计报表（见表5-8）

表5-8 总经理统计报表

项目	“金额”项填报说明	更新“目标表”的表项说明
广告费	当年战略和促销广告投放总额	“费用表”广告费（第2项）
租金	当年支付的厂房租金	“费用表”租金（第5项）
市场准入投资	当年市场资质投资总额	“费用表”市场准入投资（第6项）
产品研发	当年产品研发资质投资总额	“费用表”产品研发（第7项）
ISO资格投资	当年ISO资质投资总额	“费用表”ISO资格投资（第8项）
信息费	当年购买商业情报的总费用	“费用表”信息费（第9项）
厂房价值	当前已购买的厂房总价值	“资产负债表”土地和建筑（第7项）

总经理应在每年的经营中，按照上述表5-8中项目填报“总经理统计报表”，填报时，只需填报“金额”栏，并按照各项的“金额”项填报说明，汇总当年发生的金额数据填报。

小提示：

更新的相关“目标表”，请见任务3的企业经营报表。

2. 采购总监相关技术规则

采购总监实操讲解

（1）原料采购规则（见表5-9）

表5-9 原料采购规则

序号	供应商标识	原料标识	单价（万元）	当前数量（件数）	质保期（天）	交货期（天）	违约金比例	违约容忍期（天）	OID减数1	OID减数2	处理提前（天）
1	系统供应商	R1	10	500	80	30	0.1	20	0.1	0.1	20
2	系统供应商	R2	10	500	80	30	0.1	20	0.1	0.1	20
3	系统供应商	R3	10	500	80	60	0.1	20	0.1	0.1	20
4	系统供应商	R4	10	500	80	60	0.1	20	0.1	0.1	20

①原料采购市场的原料数量各年不同，请以系统当年各季度数据为准。

②原料供货需提前预订，预订不需要预付费用，表5-9中的“交货期”为预订到收货的时间。

③原料订货订单下达之日开始，根据“交货期”确定“收货日期”，只有“收货日期”当天可以进行“收货”操作。

④到货日当天没有完成“收货”操作，第2日便进入“收货”违约容忍期（表5-9中的违约容忍期），此期间仍然可以进行收货操作，但需要缴纳违约金，即支付货款收货之外，货款中还要加入违约金，计违约错误一次，扣减所有市场的OID值（OID减数1）。

⑤如果过了违约容忍期仍未完成“收货”，系统强制取消订单，同时从财务账户中强制扣缴违约金，计违约错误一次，扣减所有市场的OID值（OID减数1和OID减数2）。

⑥被取消的原料，当天补充返回“现货交易市场”的原料订单，且市场出售单价统一改为原价值的2倍，可继续被订货，年末清除。

⑦原料的质保期从到货日开始计算，在库存原料中显示为“失效日期”，在失效日期（含当天）内，原料可以上线生产，或有条件（距失效日20天以上）销售。

⑧原料失效日期过后的第1天，系统强制清除失效原料（包括已经预配到生产线的原料），原料价值的损失计入营业外支出项。

⑨为避免原料采购中恶意占用资源的行为发生，在每次下原料订单时，当现金总量+当前应收款+当前贷款剩余额度+在产品价值+库存价值<本次订购原料价值+未收货原料价值时，无法进行原料订货。

（2）现货交易规则（见表5-10）

表5-10 现货交易规则

序号	原料标识	当前可售数量（件数）	市场出售单价（万元）	市场收购单价（万元）	出售质保期（天）	交货期（天）	年份
1	R1	20	30	5	50	0	1
2	R2	20	30	5	50	0	1
3	R3	20	30	5	50	0	1
4	R4	20	30	5	50	0	1

①现货市场的订单各年均为表5-10列出的数量。

①现货市场的交易都是现金现货交易，购买成交后，先从采购岗现金账户中划转资金，再从市场中转移原料；如果账户资金不足，则终止交易。

③现货市场采购原料的价格是表5-10中的市场出售单价，而公司出售原料的单价，按照表5-10中的市场收购单价计算。

④公司出售给现货市场的原料成交后，增加当期的现货市场原料的库

存量。

⑤公司出售给现货市场的原料，必须是保质期到期前的20天（表5-9中的处理提前）以上，即出售日距原料失效日必须大于20天，系统自动按照先进先出的原则和质保期大于20天的原则，提取公司原料库存，如果原料库存不足，交易失败，同时记录错误操作一次。

（3）采购总监报表（见表5-11）

表5-11　　采购总监报表

原料	库存原料数量（件数）	库存原料价值（万元）	零售（含拍卖）收入（万元）	零售（含拍卖）成本（万元）	失效和违约价值（万元）
R1					
R2					
R3					
R4					

①库存原料数量：当前的库存数量（在当前库存中查询）。

②库存原料价值：当前库存的总金额（在当前库存中查询）。

③零售（含拍卖）收入：当年在现货市场卖出原料和在拍卖市场卖出原料的总收入（需要在零售时记录）。

④零售（含拍卖）成本：当年在现货市场卖出原料和在拍卖市场卖出原料时出库原料的总成本（需要在零售时记录）。

⑤失效和违约价值：当年被强制清除的过期原料价值（需要查询相关消息统计），以及收货违约产生的违约金和订单取消产生的收货违约金（查询当年的采购订单获得）。

生产总监实操讲解

小提示：

各原料"库存原料价值"合计后，并入"资产负债表"的"原材料"项的"期末余额"；

各原料（零售收入-零售成本）合计后，并入"利润表"的"营业外收支"项的"本期金额"；

各原料失效和违约价值合计后，以负数并入"利润表"的"营业外收支"项的"本期金额"。

3.生产总监相关技术规则

生产总监对生产过程的操作，可归为两个动作：全线开产和全线推进。

全线开产是对一个厂房内的所有状态为"解冻"状态的生产线进行上线生产的操作，成功上线生产的条件：

a.生产线处于"停产"状态。

b.已获得产品的生产资格。

c.生产线已完成"预配"。

d.生产总监的资金账户有足够支付计件工资的余额。

e.生产线处于非"冻结"状态。

全线推进是对厂房内的所有生产线进行进程更新的推进操作，包括：

a.投资建线中的投资期完成并推进到下一投资期开始（包括最后一期推进完成建线）。

b.生产操作的加工期完成并推进到下一期开始（包括最后一期加工到期后只有推进才能让产品完工下线）。

c.转产操作的转产期完成并推进到下一转产期开始（包括最后一期转产到期后只有推进才能结束转产）。

d.技改过程的技改期完成并推进到下一技改期开始（包括最后一期技改到期后只有推进才能结束技改）。

（1）生产线规则（见表5-12）

表5-12 生产线参数

序号	生产线标识	安装每期投资（万元）	安装期数（期）	每期安装天数（天）	生产期数（期）	每期生产天数（天）	残值（万元）	技改期数（期）	每期技改天数（天）	每期技改费用（万元）	技改提升比例	转产期数（期）	每期转产天数（天）	每期转产费用（万元）	提取折旧天数（天）	维修费（万元）	操作工人总数（人）	必有初级以上人数（人）	必有中级以上人数（人）	必有高级以上人数（人）	技改次数上限（次）	折旧年限（年）
1	手工线	50	0	0	2	80	5	1	20	30	0.25	0	0	0	360	5	3	3			2	6
2	自动线	50	3	30	1	70	15	1	20	20	0.20	2	15	20	360	15	2		1		1	6
3	柔性线	50	4	45	1	60	20	1	20	20	0.20	0	0	0	360	20	2			1	1	6

①安装期数指生产线的全部安装需要经过的“投资+安装”的过程次数。

②生产线开始投资建线时，需要确定该生产线生产的产品种类，当生产线建成后拥有该产品的生产资质，方可开工生产。

③建线中的一期的完成日期到达当天或之后，必须通过点击“全线推进”结束本期，开启下期。

④技改是对安装完成的生产线所进行的减少每期生产天数的操作，一次技改减少生产天数＝当前每期生产天数×技改提升比例，即一次技改后的生产周期变为原生产周期×（1-技改提升比例），取整方式为四舍五入。

⑤折旧：生产线建成后360天内不计提折旧，之后每年提取一次折旧，提取的时间是：建成第361天计提第1次折旧，第721天计提第2次折旧，依次类推，直到建成后的第7年，提取最后一次折旧后，不再进行折旧操

作。提取的折旧额=（生产线总价值-生产线残值）÷折旧年限。

⑥维修费：建成的生产线按年提取维修费，以建成当天开始计算，每年的这一天就是支付维修费的截止日。维修费以账单的形式由系统生成提交财务，由财务完成支付。

⑦生产线残值与出售：

生产线残值有两个意义：

a.判断生产线是否提取折旧的标准，当生产线原值-生产线残值≤生产线残值时，不再提取折旧。

b.出售生产线的价格，当出售生产线时，只能按照生产线残值出售，生产线剩余的价值，计入财产损失。

⑧操作工：每种生产线的操作需要相应的操作工人完成。人员配套有两个重要的参数：

a.操作工人总数，指每类生产线必需的操作工人数，如柔性线操作工人数为2人。

b.操作工级别，指每类生产线要求的最低级别操作工的人数，如柔性线必须有高级工1人，即柔性线必须包括1名高级工在内的2人操作。

（2）产品物料清单（见表5-13）

表5-13 产品物料清单

序号	产品标识	R1（件数）	R2（件数）	R3（件数）	R4（件数）	P1（件数）	P2（件数）	P3（件数）	P4（件数）
1	P1	1							
2	P2		1	1					
3	P3	1		1	1				
4	P4		1	1	2				
5	P5			1			1		

产品物料清单是构成一个产品所用的原料或产品的件数，或称产品的生产配方。组织生产时，需要按照此配方准备原料。

（3）生产总监报表（见表5-14和表5-15）

表5-14 在制品统计报表

项目 \ 在制品	P1	P2	P3	P4	P5
数量					
价值					

表5-15 生产线统计报表

项目＼生产线	手工	自动	柔性
总投资			
累计折旧			
在建已投资额			

小提示：

各生产线的"总投资"合计-"累计折旧"合计（生产线净值）并入"资产负债表"的"机器与设备"项的"期末余额"。

各生产线的"在建已投资额"合计数并入"资产负债表"的"在建工程"项的"期末余额"。

①在制品数量：当前所有生产线正在生产的产品数量（在当前生产线详细资料中查询）。

②在制品价值：当前所有生产线上的在制品总价值（包括原料成本和计件工资），数据来源于当前生产线详情。

③总投资：当前生产线的总价值，即生产线原值总和。

④累计折旧：当前生产线的累计折旧合计。

⑤在建已投资额：当前在建的生产线已经投入的资金总和，即不管何时开始投建的生产线，只要是当前的状态是在建，则记为在建已投入资金。

4.销售总监相关技术规则

（1）交货规则（见表5-16）

表5-16 交货规则

序号	市场	订单违约金比例	违约容忍期（天）	OID减数1	OID减数2	临时延期交货时间（天）	临时单价放大倍数
1	本地	0.2	30	0.3	0.1	90	1.2
2	区域	0.2	30	0.3	0.1	90	1.2
3	国内	0.2	30	0.3	0.1	90	1.2
4	亚洲	0.2	30	0.3	0.1	90	1.2
5	国际	0.2	30	0.3	0.1	90	1.2
6	原料零售	0.25	30	0.3	0.1	0	0
7	产品零售	0.25	30	0.3	0.1	0	0

销售总监实操讲解

① 所有订单必须在订单规定的交货日期前（包括当日），按照订单规定的数量交货，订单不能拆分交货。

② 交货完成的日期是应收账期的起点日期。

③ 交货日期后的第1天还未完成交货的订单被标注"违约未完成"状

态，此时记为容忍期开始，在容忍期到时前（包括容忍期结束日当天），仍然可以进行交货操作，但系统会计算出违约金，并扣减OID减数1。如果完成交货，违约金被直接从应收款中扣缴。

④ 容忍期结束日之后，仍未执行交货的订单被返回到临时交易市场，原订单标注为“取消”状态，不能执行交货操作，同时强制扣缴违约金和扣减OID减数2。

⑤ 容忍期截止日期跨年的订单，可以保留到下年，下年完成交货后，计入下年的销售收入，下年不能完成的违约订单，将被直接取消，同时扣减OID减数2，但该订单不进入下年的临时交易市场，扣缴的违约金记入下年的报表。

（2）现货交易规则（见表5-17）

表5-17 现货交易规则

序号	产品标识	当前可售数量（件数）	市场出售单价（万元）	市场收购单价（万元）	出售质保期（天）	交货期（天）	年份
1	P1	20	50	20	0	0	1
2	P2	20	70	30	0	0	1
3	P3	20	80	40	0	0	1
4	P4	20	90	50	0	0	1
5	P5	20	100	60	0	0	1

① 现货市场的订单各年均为表5-17列出的数量。

② 现货市场的交易都是现金现货交易，购买成交后，先从销售岗现金账户中划转资金，再从市场中转移产品；如果账户资金不足，则终止交易。

③ 现货市场公司采购产品的单价是表5-17中的“市场出售单价”，而公司出售产品的单价，按照表5-17中的“市场收购单价”计算。

④ 公司出售给现货市场的产品成交后，增加当期的现货市场产品的库存量。

（3）销售总监报表（见表5-18）

表5-18 产品统计表

项目	数量	订单收入	违约罚款	销售成本	产品库存数	库存价值
P1						
P2						
P3						
P4						
P5						

小提示：

（订单收入–违约罚款）按产品并入“销售统计表”的各产品“收入”项；

销售成本按各产品并入“销售统计表”的各产品“成本”项。

①数量：填写当年已交货的订单，可以从当年的产品库存的单据中查询，这些出库包括年初订货会订单交货出库、现货市场销售出库、临时交易市场已交货订单。

②订单收入：各个订单销售总额的合计数，计算方法见表5-19。

表5-19 销售收入计算规则

销售操作	销售总额（数量×单价）	违约金（销售总额×违约金比例）	销售收入计算
订单按期交货	订单总额	0	订单总额-0
订单违约交货	订单总额	订单总额×违约金比例	订单总额-违约金
订单违约取消	0	订单总额×违约金比例	0-违约金
现货零售	产品出售总价	0	产品出售总价-0

注：a.订单总额通过查询当年已完成的订单直接获取。

b.违约金通过查询当年已处理（包括完成和取消）订单的“罚金”项直接获取。

c.产品出售总价：需要在现货市场卖出产品时，自行记录或从消息中获得。

③产品库存数：当前库存产品的数量。

④库存价值：当前库存产品的价值。

财务总监实操讲解

5.财务总监相关技术规则

（1）贷款类型及贷款方式（见表5-20）

表5-20 贷款规则说明

序号	贷款类型	额度计算倍数	还款方式	利息违约容忍期（天）	还款违约容忍期（天）	利息违约金比例	还款违约金比例	利息OID减数1	利息OID减数2	还款OID减数1	还款OID减数2
1	长期借款	2	每年付息到期还本	30	25	0.1	0.1	0.1	0.2	0.1	0.2
2	短期借款	2	到期还本付息	30	25	0.1	0.1	0.1	0.2	0.1	0.2

①贷款额度：上年权益×额度计算倍数（上年权益额从上年“资产负债表”提取）。

②贷款类型：可以自由组合，但长短贷额度之和不能超出上年权益的2倍。

③贷款申请时间：各年正常经营的任何日期（不包括“年初”和“年末”）。

④长期借款：是指企业向银行借入的期限在1年以上（不含1年）的各项借款。企业可在年中任何日期申请长期借款，贷款期通常为2年到5

年（包含2和5年），每满1年即付利息，到期1次还本。

⑤短期借款：是指企业向银行借入的期限在1年以内（含1年）的各项借款。企业可在年中任何日期申请短期借款，贷款期通常为2季到1年，到期1次付息还本。

⑥贷款金额的选择：贷款是以套餐方式提供，套餐中规定了每份套餐的具体参数，如2季短贷套餐，1份10万元，使用期为2季（90天/季），贷款利息为年息5%等。

⑦贷款/利息的还款：系统每月1日提供本月到期贷款和利息的账单，但不提供具体到期日的信息（可以在收支明细查询具体到期日期），正常还款和还利息应该在贷款到期日或者利息到期日之前（包括到期日当天）操作，否则将进入容忍期，即发生违约金和OID减值。

还款和利息可以在应还日期的当月提前操作。

小提示：

如果当月应还贷款进入容忍期（即违约未还），则不能进行贷款操作（不论是否还有额度），换言之，每月只有应还贷款账单总额为零时，方能申请贷款，如有应还贷款额，则必须先还款，再申请新的贷款。

（2）应收款和应收款贴现（见表5-21）

表5-21 贴现规则说明

序号	贴现率	贴现期（天数）
1	0.05	30
2	0.1	60
3	0.15	90
4	0.2	120

注：贴现期30天的贴现率为0.05，是指含30天以内的贴现率均为0.05；60天为大于30天且小于等于60天的贴现率；90天和120天的，以此类推。

①应收款是指企业应收但未收到的款项。

②应收账期是指从确认应收款之日到约定收款日的期间。

③贴现是指债权人在应收款账期内，贴付一定利息提前取得资金的行为。不同应收款账期的贴现利息不同。

（3）应交费用计算和缴纳（见表5-22）

表5-22 费用计算规则

序号	费用类型	算法	计算值（万元）	费用比例	扣减资源	计算时间	是否手工操作
1	管理费	固定常数	5	1	现金	每月1日	是
2	维修费	生产线原值×费用比例	计算	0.1	现金	每月1日	是
3	折旧	（生产线原值－残值）÷折旧年限	计算	0	生产线净值	每月1日	系统自动扣除
4	所得税	当年应纳税额×费用比例	计算	0.25	现金	每年年末	是

① 每月1日，系统按照表5-22中规定的计算方式，自动计算出本月应交的费用项，分别列示在当月应交费用表内。

② 利息和银行还款也被列在本费用表中一并处理，支付的相关规则见贷款规则。

③ 如果费用项有指定的到期支付日期（如生产线维修费16日为到期日），可以选择在到期日之前（包括到期日当日）支付，否则按违约处理。换言之，本月内到期的费用可以选择提前支付。

④ 如果某种费用支付截止日前未完成支付操作，则被记为违约费用，需要额外计算违约金（违约金＝费用本金×违约金比例），此时显示的应支付费用即为费用本金＋违约金。

⑤ 如果本月费用没有在30日前（包括30日）支付，将合并到下月费用中。但上月未交费用为违约未交状态，并按照设定的违约金比例，计算违约金，违约金将被合并到下月费用中。

⑥ 如果容忍期内仍然没有完成支付，系统将强制扣缴违约的费用及违约金，并按照表5-23的规则，分情况扣减全部市场的OID值，并记失误操作。

表5-23 费用违约规则说明

序号	费用明细	是否扣减全部市场OID值	违约金比例	违约容忍期（天）	OID减数1	OID减数2	是否记录失误
1	管理费	否	0	30	0	0	是
2	所得税	是	0	30	0	0	是
4	折旧	否	0	30	0	0	是
5	维修费	是	0.1	30	0.1	0.1	是
6	基本工资	否	0	30	0	0	是
7	员工福利	否	0	30	0	0	是

⑦ 本年12月份，将对本年的所有费用进行强制清缴，即：

12月份的所有费用的容忍期到期日调整为12月29日；

12月30日即对所有未交费用按照强制扣缴处理，并按照OID减数1、OID减数2扣减全部市场的OID值，记录操作失误。

（4）财务总监报表（见表5-24）

①基本工资、培训费：是人力资源支出的操作工人的费用，每月1日在系统账单中列支，可以通过现金支出查询全年总和。

表5-24 财务总监统计报表

资金项目	金额	目标表表项
管理费		"费用表"管理费（第1项）
设备维修费		"费用表"设备维修费（第3项）
转产及技改		"费用表"转产及技改（第4项）
基本工资		"费用表"基本工资（第11项）
培训费		"费用表"培训费（第10项）
财务费用		"利润表"财务费用（第8项）
折旧		"利润表"折旧（第6项）
违约罚金合计		"利润表"营业外收支（第9项）
货币资金		"资产负债表"货币资金 （第1项）
应收账款		"资产负债表"应收账款（第2项）
应付账款		"资产负债表"应付账款（第14项）
长期借款		"资产负债表"长期借款（第12项）
短期借款		"资产负债表"短期借款（第13项）
实收资本		"资产负债表"实收资本（第17项）
所得税费用		"利润表"所得税费用（第11项）

②财务费用：本年的贷款利息、利息违约金、还贷本金违约金和贴现息4项之和。

③本年折旧：本年提取的生产线折旧合计，数据来源于本年消息通知有哪条生产线发生过折旧，然后查询生产线类型，计算出提取的折旧额。

④违约罚金合计：违约罚金包括维修费违约金、管理费违约金、代工收货违约金、税款违约金、租金违约金等。

⑤所得税费用：此项需要根据本年的应纳税额与所得税税率相乘计算所得。

任务3 填制年终经营报表

【实训目的】

掌握资产负债表的填制方法

提高编制年终经营报表的综合操作能力

经营报表由费用表、销售统计表、利润表和资产负债表组成，每年各公司须在年末规定的时间内，完成经营报表的上报，未能完成上报的公司，记录一次“失误”操作。

经营报表的制作是由下列环节顺序完成：

填制岗位统计表→提交岗位统计表→生成经营报表→上报经营报表

岗位统计表包括经理统计表、采购统计表、销售统计表、财务统计表和生产统计表，分别由总经理、采购总监、销售总监、财务总监和生产总监各自填报后完成。

经营报表是由岗位统计表自动生成，不能直接修改。

经营报表格式与数据来源：

（1）费用表（见表5-25）

表5-25 费用表

序号	项目	填报岗位
1	管理费	财务
2	广告费	经理
3	设备维修费	财务
4	转产及技改	财务
5	租金	经理
6	市场准入投资	经理
7	产品研发	经理
8	ISO资格投资	经理
9	信息费	经理
10	培训费	财务
11	基本工资	财务
12	费用合计	=本表1项~11项之和

（2）销售统计表（见表5-26）

表5-26 销售统计表

序号	计算项	P1	P2	P3	P4	P5	合计
1	数量						=本行P1~P5列之和
2	收入						=本行P1~P5列之和
3	成本						=本行P1~P5列之和
4	毛利	=本列2项-3项	=本列2项-3项	=本列2项-3项	=本列2项-3项	=本列2项-3项	=本列2项-3项

（3）利润表（见表5-27）

表5-27 利润表

序号	项目	本期金额	上期金额
1	销售收入	销售统计表“收入”合计项	
2	直接成本	销售统计表“成本”合计项	
3	毛利	＝本表1项-2项	
4	综合费用	费用表“费用合计”项	
5	折旧前利润	＝本表3项-4项	
6	折旧	财务统计表	
7	支付利息前利润	＝本表5项-6项	
8	财务费用	财务统计表	
9	营业外收支	财务、原料统计表	
10	税前利润	＝本表7项-8项＋9项	
11	所得税费用	财务统计表	
12	净利润	＝本表10项-11项	

（4）资产负债表（见表5-28）

表5-28 资产负债表

序号	项目	期末余额	年初余额
1	货币资金	财务统计	
2	应收账款	财务统计	
3	在制品	生产统计	
4	产成品	销售统计	
5	原材料	采购统计	
6	流动资产合计	＝本栏1项～5项之和	
7	土地和建筑	经理统计	
8	机器与设备	生产统计	
9	在建工程	生产统计	
10	固定资产合计	＝本栏7项＋8项＋9项	
11	资产总计	＝本栏6项＋10项	
12	长期借款	财务统计	
13	短期借款	财务统计	
14	应付账款	财务统计	
15	应交税费	＝本年利润表11项	
16	负债合计	＝本栏12项＋13项＋14项＋15项	
17	实收资本	财务统计	
18	利润留存	＝本表年初余额18项＋年初余额19项	
19	本年利润	＝本年利润表12项	
20	权益合计	＝本栏17项＋18项＋19项	
21	负债+所有者权益总计	＝本栏16项＋20项	

"年初余额"栏数据取自上年的"资产负债表"。

"期末余额"栏数据取自本年的"利润表"以及相关岗位的本年的统计表，数据采集的说明详见"利润表"和相关岗位任务中报表部分的说明。

各岗位报表可以在年中操作过程中随时多次填报或修改并保存最新的更改数据。年末所有经营操作完成后，各岗位再将岗位报表提交给本队财务和经理，系统将岗位提交的统计表汇总生成以上的本年经营报表。

任务4 掌握约创云平台操作界面

【实训目的】

明确约创云平台操作要求

掌握约创云平台操作具体程序和步骤

提高约创云平台实际操作能力

1.投放广告

在年初会有5分钟时间来进行促销广告的投放。广告投放的是市场广告，不再针对单一产品，如本地市场投放广告后该市场的所有产品订单均可进行选单（如图5-1和图5-2所示）。促销广告结束后促销广告按钮会消失，生成选单排名。最终排名是按照：促销广告额+战略市场广告份额进行综合计算。

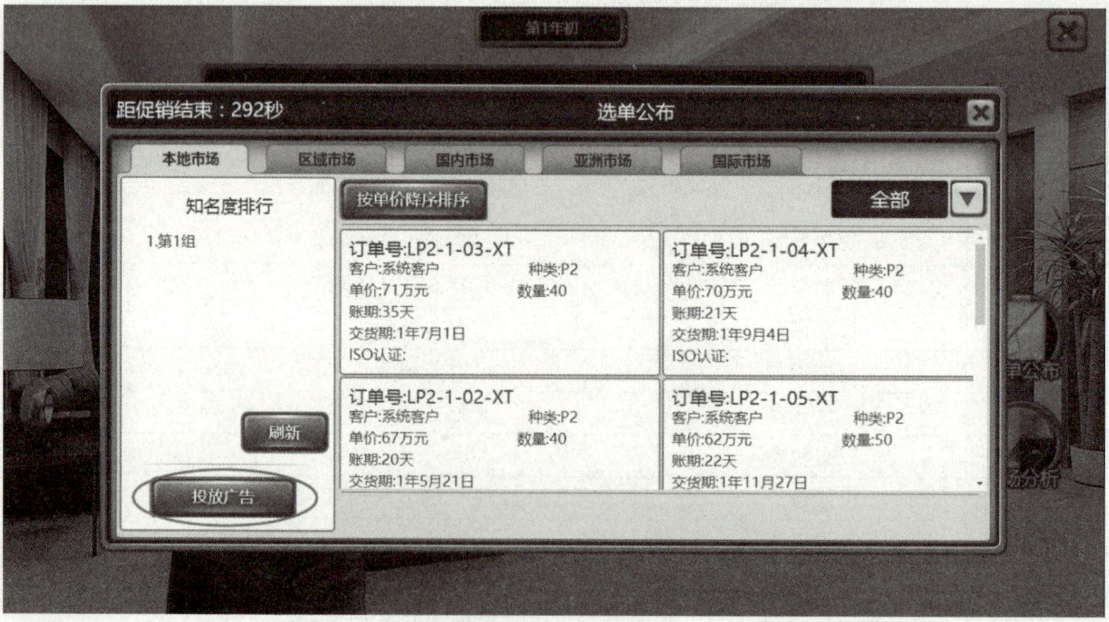

图5-1 投放广告（一）

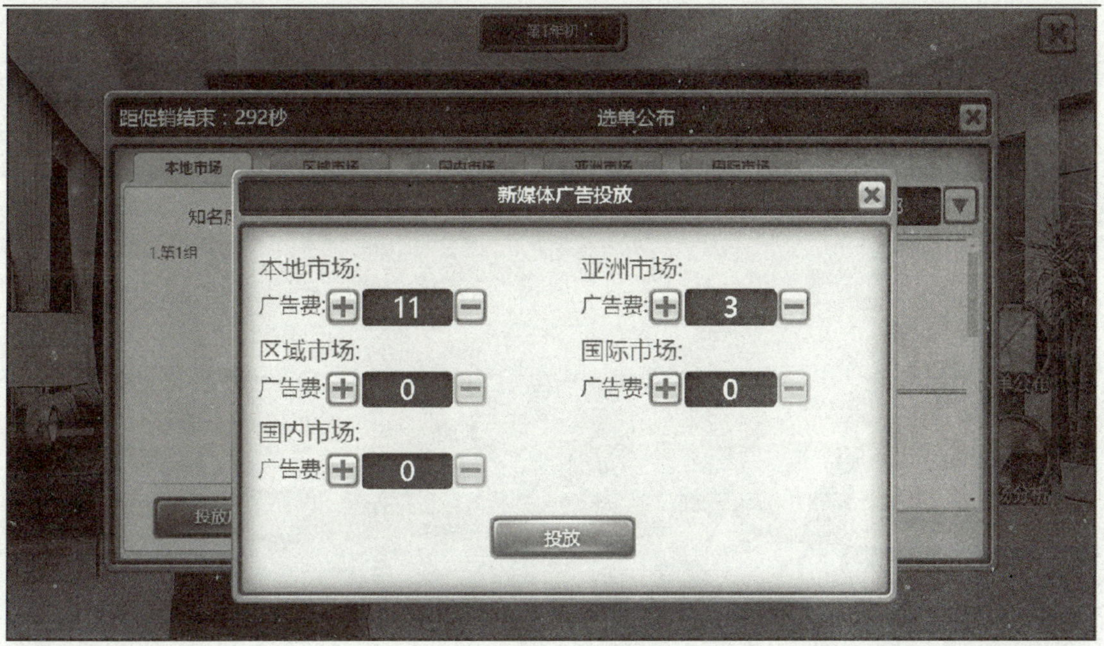

图 5-1　投放广告（二）

2. 选单

在年初会有 10 分钟的第 1 轮选单和 5 分钟的第 2 轮选单。促销广告结束后界面会直接跳转到选单界面。选单流程：点击订单“+”或者“-”进行订单数量的选择，确定后点击选单按钮，并提示选单成功（如图 5-3 所示）。

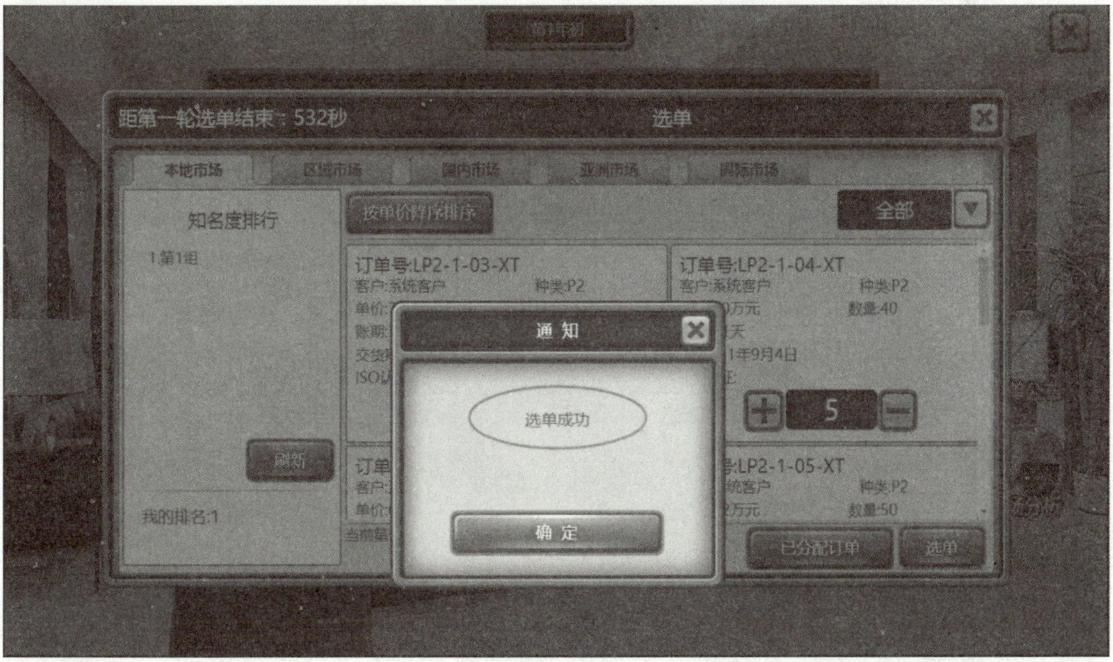

图 5-3　选单

3.总经理操作

总经理可以完成厂房调整、预算申报、查看年度经营结果、消息中心、资质开发、公司详情及情报操作（如图5-4所示）。

图5-4 总经理操作

4.财务总监操作

财务总监可以完成查看年度经营结果、消息中心、反向拨款、费用支出、拨款、往来账、收支明细及报表操作（如图5-5所示）。

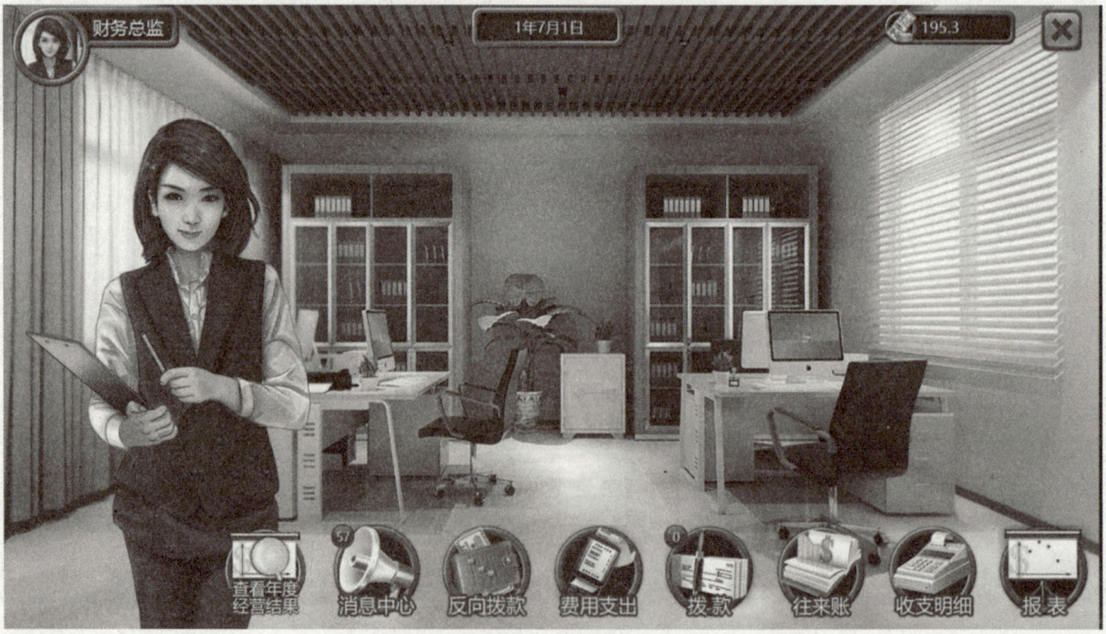

图5-5 财务总监操作

5. 采购总监操作

采购总监可以完成预算申报、查看年度经营结果、消息中心、仓库订单操作（如图5-6所示）。

图5-6 采购总监操作

6. 销售总监操作

销售总监可以完成预算申报、查看年度经营结果、消息中心、仓库订单操作（如图5-7所示）。

图5-7 销售总监操作

7.生产总监操作

生产总监可以完成年初订单、全线生产、全线推进、生产明细、厂房、预算申报及填制报表操作（如图5-8所示）。

图5-8　生产总监操作

项目6
产品市场需求预测与分析

任务1 市场预测与分析

【实训目的】

熟悉市场预测及其要素

明确产品价格预测、需求预测等要点

提高市场分析和预测能力

具备信息梳理、判断和选择能力，发现商机

1.市场预测及其要素

市场预测是各企业能够得到关于产品需求预测的唯一可以参考的有价值的信息，对市场预测的分析与企业营销方案策划息息相关。在市场预测中发布了6年关于行业产品市场的预测资料，包括各市场、各产品的总需求量、价格情况等信息，在比赛时，可能还会发布订单的数量、交货期的平均值、客户关于产品的质量要求、竞单明细甚至订单明细等内容。市场是瞬息万变的，从省赛到国赛，在不同的比赛中，市场预测也是不同的，各个队伍要根据市场制定企业战略，并随着市场产品供求关系的变化及时做出相应调整。得市场者得天下，只有把握市场脉搏，企业才能成功。

在ERP电子沙盘中，市场趋势分为区域性趋势和时间性趋势。区域性趋势是指5个市场（本地、区域、国内、亚洲、国际）的需求量及价格的变化；时间性趋势是指从第1年到第6年每种产品需求数量和价格的变化。无论是区域性趋势还是时间性趋势，我们发现每种产品的价格和需求量都有一个最高值和最低值，所以企业在制定战略的时候，要考虑开发哪种产品，什么时候开发，产品如何搭配销售（产品多样化还是产品单一化），选择哪个市场为主打市场，当然还要视竞争对手的情况而定，充分估计竞争对手可能开发的产品和进入的市场，尽量避开竞争激烈的产品和市场。另外，市场预测中每个市场产品订单数和产品平均交货期的变化很重要。不是订单多、交货期长的市场就一定是最优的市场，只有想竞争对手之所想，反其道而行之，方可出其不意，获得成功。

要搞好市场预测，必须把握4个基本要素：

（1）信息

信息是客观事物特性和变化的表征与反映，存在于各类载体，是预测的主要工作对象、工作基础和成果反映。

在ERP沙盘模拟企业经营过程中，市场预测的依据主要指两类信息：一是市场上产品的需求和价格走势（裁判会提前发布“产品的市场需求量与价格预测表”）；二是竞争对手的情况信息（通过“巡盘”获取），包括竞争对手目前生产产品的种类、产能、占领的市场、库存现金状况及对手下一步动向等。

（2）方法

方法是指在预测的过程中进行质和量的分析时所采用的各种手段。按照预测结果属性可以分为定性预测和定量预测，对第1类信息主要是定量预测，而对第2类信息，由于竞争对手的策略在不停地发生变化，主要是定性预测。

（3）分析

分析是根据有关理论和数据所进行的思维研究活动。根据市场预测，我们可以分析得到产品的毛利润、市场上订单的多少和大小等；同时，对竞争对手的生产、销售情况和广告投放的个人喜好等获得一定的了解。

（4）判断

对预测结果采用与否，或依据相关环境和市场动态所做的修正是否正确，或对信息资料的选择，都需要做出判断。判断是预测技术中重要的因素，也是衡量CEO是否成功的一个重要因素。

对于市场预测的分析，各个企业都要认真研究。由于每个人的理解力和分析力不同，对于市场的侧重点不同，面对相同的市场信息，会做出不同的分析结果，进而做出不同的决策和战略，所谓“仁者见仁，智者见智”。所以，市场预测分析的结果没有唯一性，也没有对错之分，要视竞争对手的变化而变化。

不同数量的参赛队伍会有不同的市场预测，假设本次竞赛共有24个学校参加。通过本次24组的市场预测分析报告，同学们将要学会市场预测到底预测什么，市场预测表中的关键点在哪里。在枯燥的市场信息里发现“商机”，也许会成为你的企业获胜的转折点。举办方给出了以下的市场产品价格预测表和需求量预测表等重要市场数据，从预测表中我们可以得出什么样的信息呢？以下为竞赛市场的分析报告，仅供参考。

2.产品价格预测表

产品价格预测表用来反映P系列产品的6年变化趋势，见表6-1。

表6-1 **产品价格预测表** 单位：万元

年份	市场	P1	P2	P3	P4
2	本地	57.7	75.3	93.9	129.4
	区域	56.6	73.1	93.5	139.1
3	本地	57.7	75.7	87.7	119.4
	区域	59.2	78.9	87.4	136.6
	国内		76.2	84.1	
4	本地	46.1	65.0	75.7	
	区域	46.4	65.5	76.4	118.0
	国内	47.2	65.4	81.6	121.1
	亚洲		62.8	90.5	118.7
5	本地	48.0	63.3	87.4	
	区域	46.3		85.1	119.9
	国内	57.2	63.8	87.8	121.8
	亚洲	47.8	65.9	85.6	122.8
	国际		69.0	85.8	122.7
6	本地	60.2	69.8	100.2	
	区域			100.0	141.0
	国内		69.2	95.8	144.9
	亚洲	58.7	79.1	100.9	138.5
	国际	61.1	85.8	104.7	142.8

通过分析，我们得到如下分析报告：

P1、P2、P3、P4四种产品价格都有一个相同的变化趋势（部分市场除外）：在第2、3、4年缓慢下降，第5年有部分回涨，在第6年的价格突然井喷。企业在市场开拓和产品研发时，就需要有重点的选择，在前几年的发展中以“稳”为主，广告投放费用不宜过高，否则入不敷出，导致权益下降。第6年可以增加广告费用，拿更多订单。

针对价格而言，随着价格“高-低-高”的变化，广告的投放反而会因为市场的变化而逐渐提高投入量，这就使得我们在获得低利润的同时，广告的投放更加谨慎与精确，否则就会造成企业入不敷出、面临倒闭的风险。

市场均价的变化往往界定于5W~10W，所以也就导致有些企业往往会获得比预期更高的利润，而有些企业则往往达不到预期目标。

从人的心理层面而言，人们往往热衷于追求均价较高的市场，对于价格相对低些的市场反而会较为轻视，这也就出现了均价较高的市场广告费用投入的普遍较高，而价格相对低些的市场广告费用投入的较少。所以在广告投放的过程中，我们也应当视竞争对手情况和不同的市场做出不同的判断，这将会更有利于我们进一步分析市场形势。

3.产品需求量预测表

产品需求量预测表是从“量”的角度反映市场上对P系列产品的需求变化，见表6-2。

表6-2　**产品需求量预测表**　单位：个

年份	市场	P1	P2	P3	P4	总计
2	本地	126	86	41	29	282
	区域	93	66	34	32	225
2 汇总		219	152	75	61	507
3	本地	89	69	42	45	245
	区域	25	69	24	52	170
	国内	0	66	49	0	115
3 汇总		114	204	115	97	530
4	本地	59	30	22	0	111
	区域	54	25	24	38	141
	国内	37	27	20	28	112
	亚洲	0	24	18	23	65
4 汇总		150	106	84	89	429
5	本地	59	45	14	0	118
	区域	50	0	14	28	92
	国内	56	34	26	19	135
	亚洲	39	28	27	16	110
	国际	0	33	21	16	70
5 汇总		204	140	102	79	525
6	本地	44	38	41	0	123
	区域	0	0	34	34	68
	国内	0	33	25	35	93
	亚洲	63	26	24	24	137
	国际	55	35	24	33	147
6 汇总		162	132	148	126	568
总计		849	734	524	452	2 559

通过分析，我们得到如下分析报告：

总体来说，产品的需求量在第2、3年呈现逐渐增长趋势，而在第4年时，产品的需求量大幅度下降，势必会产生市场拥挤现象，一部分企业将会出现无法获得订单的现象，这种现象被我们称作ERP的金融风暴。在第5、6年期间，产品的需求量逐渐增长，企业也就进入回升期。

同时，在第4年一部分企业无法获得订单，就导致有许多产品囤积于仓库中，势必会造成第5年的市场的压力依然无法降低，导致广告投放量的进一步增加。一部分企业必须将库存卖出来换取现金流量的改善，而一部分企业则仍然继续生产，将生产产品卖出，这也就决定了广告的投放量只增不减。

4.产品订单数预测表

在市场选单时，产品的订单数量也直接影响到企业获取订单的机会，通过产品订单数预测（见表6-3）分析，我们可以得到如下分析报告：

表6-3 产品订单数预测表 单位：个

年份	市场	P1	P2	P3	P4	总计
2	本地	27	23	15	12	77
	区域	20	16	13	11	60
2 汇总		47	39	28	23	137
3	本地	15	14	12	12	53
	区域	5	15	7	13	40
	国内	0	15	15	0	30
3 汇总		20	44	34	25	123
4	本地	10	7	8	0	25
	区域	12	6	8	10	36
	国内	10	8	9	8	35
	亚洲	0	8	9	9	26
4 汇总		32	29	34	27	122
5	本地	11	10	6	0	27
	区域	12	0	5	8	25
	国内	12	10	7	6	35
	亚洲	11	10	8	6	35
	国际	0	10	8	5	23
5 汇总		46	40	34	25	145
6	本地	7	6	13	0	26
	区域	0	0	12	10	22
	国内	0	5	11	10	26
	亚洲	10	5	10	6	31
	国际	8	6	10	14	38
6 汇总		25	22	56	40	143
总计		170	174	186	140	670

从总体订单数量变化来看，每一种产品在不同年份的订单数量各不相同，例如，6年经营期间，P1订单数量在第2年与第3年的过渡期间大幅度降低，第5年与第6年之间亦与此相同，而订单总体数量变化幅度不大，所以以单一产品或者以两种产品作为发展方向就不再适合于市场的发展。

这样也就导致了我们必须进行产品的多元化组合，同时就要求生产线需以灵活性为主，针对不同阶段进行P1、P2、P3、P4的不同组合，以其中一种产品为主导，而其他产品为副产品，可以最大限度上进行最优产品的组合，同时大量减少了广告费用的支出，实现更好的发展。

5.产品订单平均交货期预测表

在激烈的市场竞争中，产品订单的好坏直接会影响企业的正常运营，而产品订单的交货期直接决定了订单的好坏。通过产品订单平均交货期预测表（见表6-4），我们可以得到如下分析报告：

表6-4 产品订单平均交货期预测表 单位：季度

年份	市场	P1	P2	P3	P4
2	本地	2.925926	2.956522	3.066667	3.666667
	区域	3.25	3.1875	3.307692	3.727273
3	本地	3.533333	3.142857	2.75	2.916667
	区域	3	2.733333	3	3.230769
	国内	0	3.133333	2.866667	0
4	本地	3.3	3.142857	3.25	0
	区域	3.5	3.5	2.875	3.4
	国内	3.6	3.375	3.333333	3.125
	亚洲	0	3.25	3.111111	3.333333
5	本地	3.181818	3.3	3.333333	0
	区域	3.166667	0	3.6	3.625
	国内	3	3.3	3.285714	3.5
	亚洲	3.090909	3.2	3	3
	国际	0	3.1	3	3.4
6	本地	3	3.333333	2.769231	0
	区域	0	0	2.833333	3.2
	国内	0	3.2	3	2.7
	亚洲	2.8	3.2	2.9	3.333333
	国际	3.25	2.666667	2.6	3.357143

交货期多以3Q为主，其变化多介于2Q与3Q之间，相对来说4Q交货期的订单数量会很少，甚至有的市场会出现无4Q交货期订单的现象。这样一来，有的企业就会出现无法将4Q产品卖出，造成库存产品的囤积。其优点是下一年的选单对于交货期限制的降低，有利于减少广告费用的支出，缺点则是不利于现金的流通，无法进行企业规模的扩大与发展。

另外，对于市场预测者而言，投放广告需要更好地对市场进行预测，达到最优化的组合，即在满足交货期的同时，达到产品组合的最优。例如，通过P1弥补4Q交货期的不足，从而选择价钱更高的产品进行出售，如P3或者P4。高端产品必然会受到交货期的限制，而低端产品因为价钱较低，反而对交货期的限制性较差。所以，如何更好地组合产品在经营过程中显得尤为重要。

6.竞单明细表

竞单，即竞拍或者招标，是企业在选单后（不一定年年都有），为了减轻库存压力而采取的通过竞价来获取订单的一种方式。竞单的成功与否可能会直接导致企业经营现状发生变化，改变企业面貌。分析竞单明细表（见表6-5），我们可以得出如下分析报告：

企业经营时，在偶数年年初会召开企业竞单会，即在第2年、第4年和第6年年初，企业不仅可以通过选单市场拿单，也可以通过竞单会来获取订单。一次成功的竞单会竞单，可能会极大地改善企业经营状况，提高企业竞争力。其中第2年与第4年的竞单会尤为重要。

经营初期，第2年在选单的时候多了竞单会的变化，广告费用的支出不会出现太大的差距，绝大多数企业可以获得适量的订单。所以，也就导致大部分企业的发展态势相对较好，增大第3年的经营压力。

第4年是市场变化的重要时期，竞单会在这个时期会出现激烈的竞争情况（订单少，库存产品多，市场呈现疲软态势），从而导致众多企业会以较低的价格出售产品，以此来保证企业可以正常经营下去。在这个阶段的企业生产线过多或者租赁线较多，则会导致费用大幅度提高，从而面临破产风险。

相对第2年与第4年，第6年的竞单会相对较为平稳，不会出现较大的变动。由于很多企业出现破产的情况，剩下的企业可以获得一个极大的发展机会，抓住机遇，可以扩大生产线与大量出售产品。

市场：1表示本地；2表示区域；3表示国内；4表示亚洲；5表示国际。

ISO：0表示无认证；1表示ISO 9000认证；2表示ISO 14000认证；3表示ISO 9000和ISO 14000两种认证。

表6-5 竞单明细表

订单编号	年份	市场	产品P	数量（个）	ISO
J01	2	1	1	3	0
J02	2	1	1	4	0
J03	2	1	2	5	1
J04	2	1	2	5	0
J05	2	1	3	6	2
J06	2	1	3	3	0
J07	2	1	4	4	0
J08	2	2	1	5	0
J09	2	2	2	4	1
J10	2	2	2	5	0
J11	2	2	2	3	0
J12	2	2	3	5	2
J13	2	2	3	4	0
J14	2	2	3	6	2
J15	2	2	4	5	0
J16	2	3	1	3	1
J17	2	3	2	6	1
J18	2	3	2	5	0
J19	2	3	2	4	0
J20	2	3	3	3	0
J21	2	3	3	5	1
J22	2	3	4	4	1
J23	2	3	4	5	0
J24	2	3	4	5	2
J25	2	3	4	5	3
J26	4	1	1	5	1

续表

订单编号	年份	市场	产品 P	数量（个）	ISO
J27	4	1	2	6	3
J28	4	1	2	4	3
J29	4	1	3	7	3
J30	4	1	3	5	3
J31	4	1	4	5	3
J32	4	1	4	3	3
J33	4	2	1	4	1
J34	4	2	2	3	3
J35	4	2	3	6	3
J36	4	2	3	3	3
J37	4	2	4	5	3
J38	4	2	4	3	3
J39	4	2	4	4	3
J40	4	3	1	4	3
J41	4	3	2	3	3
J42	4	3	2	4	3
J43	4	3	3	5	1
J44	4	3	3	4	3
J45	4	3	3	5	3
J46	4	3	4	5	3
J47	4	3	4	4	3
J48	4	4	1	4	1
J49	4	4	2	5	3
J50	4	4	2	4	3
J51	4	4	2	3	3
J52	4	4	3	6	3

续表

订单编号	年份	市场	产品P	数量（个）	ISO
J53	4	4	3	3	3
J54	4	4	4	5	3
J55	4	4	4	3	3
J56	6	1	2	5	3
J57	6	1	2	3	1
J58	6	1	3	2	3
J59	6	1	3	4	3
J60	6	2	1	3	1
J61	6	2	2	4	3
J62	6	2	3	4	3
J63	6	2	4	5	3
J64	6	2	4	3	3
J65	6	3	1	3	1
J66	6	3	2	4	3
J67	6	3	2	4	1
J68	6	3	3	3	2
J69	6	3	3	5	3
J70	6	3	4	4	3
J71	6	4	2	4	1
J72	6	4	3	6	2
J73	6	4	3	3	3
J74	6	4	4	4	3
J75	6	5	2	5	3
J76	6	5	3	6	3
J77	6	5	3	5	3
J78	6	5	4	5	3

任务2 市场预测图分析

【实训目的】

熟悉市场预测图构成

明确市场预测图含义

通过市场预测图分析，提高信息整合判断能力

市场预测图是市场预测直观的反映。我们用直方图表示产品的预测需求量，用折线图表示产品的预测平均价格。同学们也可以利用其他方式来反映市场预测，分析判断价格、需求量等情况的趋势。

1.本地市场预测图分析

本地市场需求量和价格预测如图6-1所示。

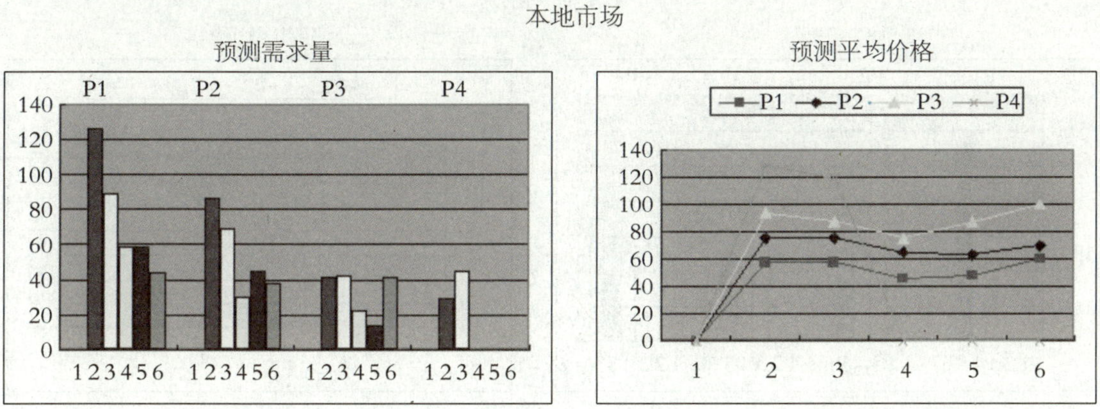

图6-1 本地市场需求量和价格预测

通过图6-1我们可以得出，本地市场为零售市场，即订单数量多，单个订单小，单价稍高。随着市场的持续发展，对低端产品的需求逐渐减少，价格在第4、5年较低，随后价格回升。后几年，高端产品成熟，市场对P3产品有所需要，尤其在第2、3、6年需求较大，但P4产品技术性要求高，在本地市场还无法被客户接受，在第4、5、6年需求为零。客户对质量意识也不断提高，对产品ISO 9000和ISO 14000质量认证会有更多要求。

2.区域市场预测图分析

区域市场需求量和价格预测如图6-2所示。

通过图6-2我们可以得出，区域市场为批发市场，即订单数量少，单个订单大，单价稍低。该市场容量有限，随着对高端产品P3、P4需求量的增加，低端产品P1、P2在后2年将逐渐退出市场。由于受金融危机的影响，价格趋势大致相同，第4、5年较低，随后走高。

3.国内市场预测图分析

国内市场需求量和价格预测如图6-3所示。

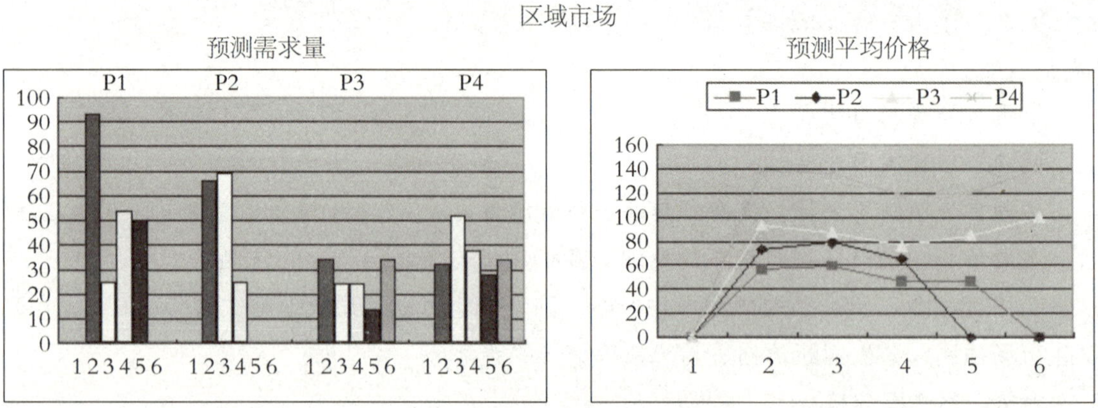

图6-2 区域市场需求量和价格预测

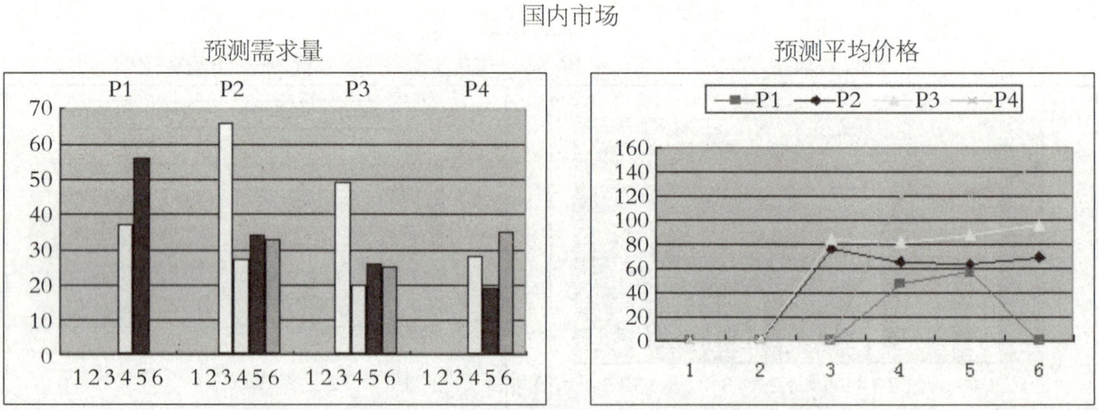

图6-3 国内市场需求量和价格预测

通过图6-3我们可以得出，国内市场接受P系列产品较缓慢，随着对P系列产品的逐渐了解，高端产品会被客户青睐，需求增加，而低端产品将失去市场。对于高价值的产品，客户将会更注重产品的质量认证。

4.亚洲市场预测图分析

亚洲市场需求量和价格预测如图6-4所示。

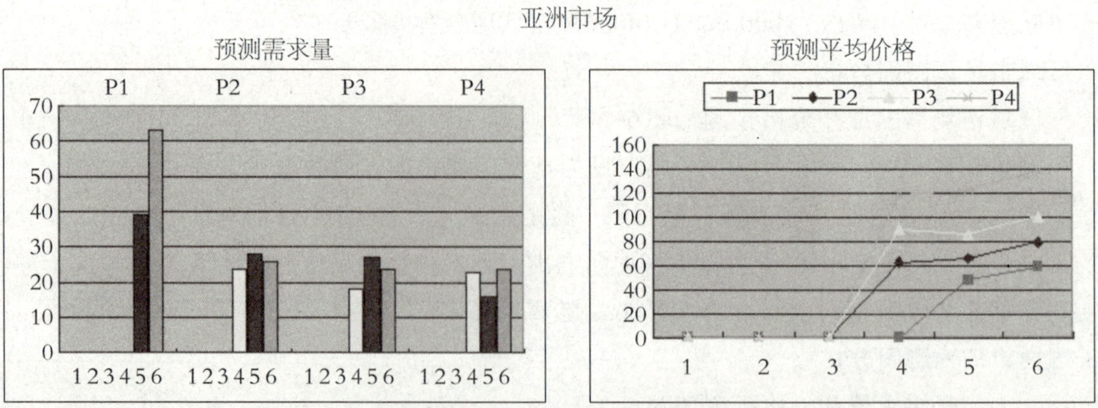

图6-4 亚洲市场需求量和价格预测

通过图 6-4 我们可以得出，亚洲市场为重视 ISO 资格市场，订单大部分需要 ISO 认证。除 P1 产品外，其他产品被客户接受后，需求量较稳定，波动较小。价格方面，由于亚洲市场抗风险性较大，受市场大环境影响小，价格也较稳定。

5. 国际市场预测图分析

国际市场需求量和价格预测如图 6-5 所示。

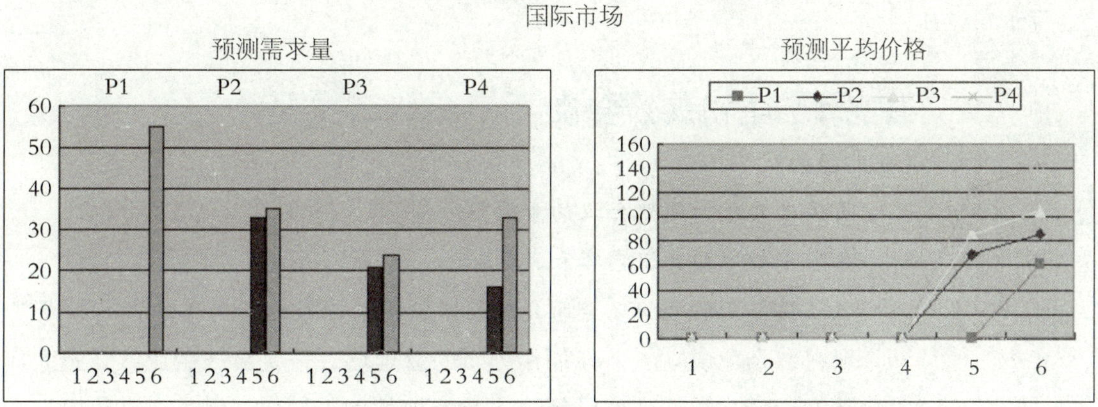

图 6-5 国际市场需求量和价格预测

通过图 6-5 我们可以得出，P 系列产品进入国际市场需要一个较长的时期。P 系列产品需要经过一段时间才能被市场接受，需求在后 2 年出现，价格也呈增长走势，当然，国际市场的客户对产品 ISO 9000 和 ISO 14000 认证有较高要求。

项目7
企业运营

任务1　年初规划会议

【实训目的】

明确召开年初规划会议的重要性

熟悉年初规划会议内容和目的

通过对企业运营状况全面分析判断，提高综合分析和集体决策能力

现在，企业成立了，你们作为新的管理层，一定会把企业做强做大作为自己的责任。也许你们已经迫不及待地想动手操作，但是在进行模拟企业经营实战对抗前，作为团队，你们必须坐在一起，开一个规划会议，通过这个规划会议，制定出企业的发展战略规划。你们必须回答以下几个问题：

1.我们想成为什么样的企业

如生产产品，是生产全系列品种还是限定品种；市场定位，是努力成为市场领导者还是作为追随者。例如，在此前的国赛中，曾经遇见一个学校，它的发展策略是初期低端产品+后期高端产品。因为最近几年国赛中，产品价格不是很高，而且市场竞争非常激烈，所以在第1年和第2年，它放弃利润相对高的高端产品，而是用最便宜、费用最低的手工线，生产低端产品P1，尽量节约开支，降低成本。在第3年、第4年，建立柔性线，同时P1产品搭配P2产品销售（P2是P5的中间产品），并研发P5产品。当其他企业在激烈的市场竞争中，争得头破血流、无暇他顾时，它在暗中积攒力量。在第5年、第6年，突然退出P1、P2产品，进入高端产品P5，再配以精确的广告策略，以最小的代价夺得市场，最终实现竞赛的大逆转，一举夺魁。

2.我们倾向何种产品和市场

在资源有限的约束条件下，很多时候，放弃比不计代价地掠取更明智。你不可能全面开花、面面俱到，因此要选取你的重点市场和重点产品。例如，某企业最初在本地市场夺得了市场老大的地位，由于本地市场

是综合需求量最大的市场，于是该企业在随后的发展中，直接跳过了国内市场，开发了亚洲和国际市场，实现了产能和市场之间的平衡，持续发展。在企业融资和广告费用方面节约了成本，健康发展，最终取得了不错的成绩。

放弃也是一种美，有时放弃比占有更重要。对于那些竞争激烈、利润空间小的市场要敢于放弃，依据自己的产品组合和竞争状况，配合产能去寻找新的市场。

3.我们计划怎样拓展生产设施和生产能力

生产线是生产产品的载体，ERP沙盘模拟企业经营实训中，一般有手工、自动、柔性和租赁4种生产线。不同的生产线，购置价格、生产效率、折旧费用以及转产的灵活性等都各不相同，因此生产总监应会同财务总监及CEO依据本企业的发展经营策略和财务状况选择适当的时机投资恰当的生产线。具体来说，为了有效扩大生产能力，你需要思考：购置什么样的生产线，什么时候购买和购买多少。为此，需要考虑以下几方面因素：

① 生产线的安装周期。如果计划在第2年生产产品，则应该在第1年1Q开始投资建设柔性线，或在第1年2Q投资建设自动线。

② 产品研发。为了避免生产线闲置，需要产品研发和生产线建设同时完成。如P2产品研发周期需要3Q，因此可将该生产线产品在第1年2Q研发，柔性线在第1年1Q投资建设，这样到第2年1Q生产线安装和产品研发同时完成，可以开始生产。

③ 生产线的折旧。生产线的折旧影响企业权益，而权益又决定了企业的融资规模（贷款额度）的大小。因此，生产线的折旧直接影响着企业的财务状况。从规则中可以知道，当年建成的生产线是不提折旧的。所以，应考虑生产线的建成时机，尽量使增加的新生产线建成在当年1Q，特别是在财务状况紧张的时候。

④ 生产线的种类组合需要考虑产品研发的种类及市场开拓的情况。一般来说，如果采取积极扩张的策略，则倾向自动线和柔性线；如果采取稳健发展的策略，则可考虑自动线搭配手工线，甚至全手工线的组合。

在竞赛中，柔性线是一把“双刃剑”，它的优点是可以灵活快速调整企业的产品生产组合，方便在市场接取订单。然而，缺点亦不可避免，首先是投资成本较高和折旧费用较大；其次是柔性线的存在对于原材料的采购、生产的组织要求更高。因此，生产线组合及安装的前提是，制定合理、详细的企业发展战略，在此指导下，做好企业的资金预算分析，才能保证生产线选择的合理性。

4.我们计划采用怎样的融资策略

现金流是企业生存的命脉，企业失去现金流意味着企业的倒闭破产。融资的方式主要有长期借款、短期借款、应收账款贴现、出售厂房设备和库存等。每种融资方式的特点和适用性都有所不同，要根据企业的发展规划，做好融资计划，以保证企业的正常运转，切不可因小利而影响整个规划的实施。

融资手段不应过于单一，而应是多种融资手段的最佳组合。如何巧妙处理各种融资手段之间的关系，以最低的成本获取最合适的融资是财务总监的重要职责。例如，长期借款是企业的主要融资手段。长期借款的费用成本要高于短期借款，但是还款压力较小；短期借款的利息成本较低，但还款压力较大，尤其是在前期，企业的权益可能下降较大，影响企业的贷款能力。因此，需要对企业的经营战略、运营状况做一个长期的、细致的分析，才能正确把握贷款时机并合理调整长期借款和短期借款两者之间的比例关系，在满足现金需要的情况下，使总的费用成本降到最低。

资金贴现是企业为缓解暂时性资金短缺而采取的融资方式，其前提是要有应收账款。在实际操作中，应注意贴现的费用。一般来讲，在相同贴现费用的情况下，应首先考虑贴现账期较长的应收账款。

在开始操作前，每个管理团队都应对上述问题进行深入探讨并达成共识，每一年经营下来，需要对企业经营结果进行分析，深刻反思成在哪里？败在哪里？竞争对手情况如何？是否需要对企业战略进行调整？我们就是要在犯错误中认识错误，在不断的失败中获得成功的经验。

任务2　分岗位工作

【实训目的】

熟悉各岗位人员应具备的专业知识

明确各岗位人员应具备的能力要求

掌握所在岗位技能，提高岗位工作能力

企业经营是一个团队活动，需要通力合作才能完成经营。作为团队中的一员，需要你掌握所在岗位的知识和技能，为企业贡献你的力量。那么你准备好了吗？

1.如果你是CEO

企业战略管理是CEO最重要的一项工作职责，也是决定企业发展命运的关键。CEO一定会把制定和实施企业总体战略与年度规划作为企业的头等大事。

企业战略是设立远景目标并对实现目标的轨迹进行的总体性、指导性谋划。企业根据环境的变化、本身的资源和实力，选择适合的经营领域和产品，形成自已的核心竞争力，并通过差异化在竞争中取胜。世界经济全球化与一体化进程的加快和随之而来的国际竞争的加剧，对企业战略的要求愈来愈高。企业战略是对企业各种战略的统称，其中既包括竞争战略，也包括营销战略、发展战略、品牌战略、融资战略、技术开发战略、人才开发战略、资源开发战略等。

1.1 企业战略形态

战略形态是指企业采取的战略方式及战略对策，按表现形式，可以分为拓展型、稳健型、收缩型三种形态。

（1）拓展型战略

拓展型战略是指采用积极进攻的战略形态，主要适合行业龙头企业、有发展后劲的企业及新兴行业中的企业选择，具体的战略形式包括市场渗透战略、多元化经营战略、联合经营战略。

①市场渗透战略。

市场渗透战略是指实现市场逐步扩张的拓展战略。该战略可以通过扩大生产规模、提高生产能力、增加产品功能、改进产品用途、拓宽销售渠道、开发新市场、降低产品成本、集中资源优势等单一策略或组合策略来开展。其战略核心体现在两个方面：利用现有产品开辟新市场实现渗透、向现有市场提供新产品实现渗透。

市场渗透战略是比较典型的竞争战略，主要包括成本领先战略、差异化战略、集中化战略三种最有竞争力的战略形式。成本领先战略是通过加强成本控制，使企业总体经营成本处于行业最低水平的战略；差异化战略是企业采取的有别于竞争对手经营特色（从产品、品牌、服务方式、发展策略等方面）的战略；集中化战略是企业通过集中资源形成专业化优势（服务专业市场或立足某一区域市场等）的战略。

②多元化经营战略。

多元化经营战略是指一个企业同时经营两个或两个以上行业的拓展战略，又可称“多行业经营”，主要包括三种形式：同心多元化、水平多元化、综合多元化。同心多元化是利用原有技术及优势资源，面对新市场、新顾客增加新业务实现的多元化经营；水平多元化是针对现有市场和顾客，采用新技术增加新业务实现的多元化经营；综合多元化是直接利用新技术进入新市场实现的多元化经营。

多元化经营战略适合大中型企业选择，该战略能充分利用企业的经营资源，提高闲置资产的利用率，通过扩大经营范围，缓解竞争压力，降低经营成本，分散经营风险，增强综合竞争优势，加快集团化进程。但实施多元化经营战略应考虑选择行业的关联性、企业控制力及跨行业投资风险。

③联合经营战略。

联合经营战略是指两个或两个以上独立的经营实体横向联合成立一个经营实体或企业集团的拓展战略，是社会经济发展到一定阶段形成的。实施该战略有利于实现企业资源的有效组合与合理调配，增加经营资本规模，实现优势互补，增强集合竞争力，加快拓展速度，促进规模化经济的发展。在我国，联合经营主要是采用兼并、合并、控股、参股等形式，通过横向联合组建成立企业联盟体。

（2）稳健型战略

稳健型战略是采取稳定发展的战略形态，主要适合中等及以下规模的企业或经营不景气的大型企业选择，可分为无增长战略（维持产量、品牌、形象、地位等水平不变）、微增长战略（竞争水平在原基础上略有增长）两种战略形式。该战略强调保存实力，能有效控制经营风险，但发展速度缓慢，竞争力量弱小。

（3）收缩型战略

收缩型战略是采取保守经营的战略形态，主要适合处于市场需求减少、产品进入衰退期、管理失控、经营亏损、资金不足、资源匮乏、发展方向模糊的危机企业选择。这种战略可分为转移战略、撤退战略、清算战略三种战略形式。

① 转移战略是通过改变经营计划、调整经营部署，转移市场区域（主要是从大市场转移到小市场）或行业领域（从低技术含量向高技术含量的领域转移）的战略。

② 撤退战略是通过削减支出、降低产量，退出或放弃部分地域或市场渠道的战略。

③ 清算战略是通过出售或转让企业部分或者全部资产以偿还债务或停止经营活动的战略。

收缩型战略的优点是通过整合有效资源，优化产品结构，保存有生力量，能减少企业亏损，延续企业生命，并能通过集中资源优势，加强内部改制，以图新的发展。其缺点是可能荒废企业部分有效资源，影响企业声誉，导致士气低落，造成人才流失，威胁企业生存。调整经营思路、推行系统管理、精简组织机构、优化产品结构、盘活积压资金、压缩不必要开支是该战略需要把握的重点。

1.2 企业战略管理

企业战略管理是企业确定其使命，根据组织外部环境和内部条件设定企业的战略目标，为保证目标的正确落实和实现进行谋划，并依靠企业内部的能力将这种谋划和决策付诸实施，以及在实施过程中进行控制的一个动态管理过程。

其特点是：指导企业全部活动的是企业战略，全部管理活动的重点是制定战略和实施战略。而制定战略和实施战略的关键都在于对企业外部环境的变化进行分析，对企业的内部条件和资质进行审核，并以此为前提确定企业的战略目标，使三者之间达成动态平衡。战略管理的任务就在于通过战略制定、战略实施和日常管理，在保持这种动态平衡的条件下，实现企业的战略目标。

第一，战略管理不仅涉及战略的制定和规划，而且包含着将制定出的战略付诸实施的管理，因此是一个全过程的管理。

第二，战略管理不是静态的、一次性的管理，而是一种循环的、往复性的动态管理过程。它是需要根据外部环境的变化、企业内部条件的改变，以及战略执行结果的反馈信息等，而重复进行新一轮战略管理的过程，是不间断的管理。

1.3 企业战略管理过程

（1）确定组织当前的宗旨、目标和战略

确定企业的宗旨旨在促使管理当局仔细确定企业的产品和服务范围。对“我们到底从事的是什么样的事业”的理解关系到企业的指导方针。

当然，管理者还必须搞清楚组织的目标以及当前所实施的战略的性质，并对其进行全面而客观的评估。

（2）分析环境

分析环境是战略管理过程的关键环节和要素。组织环境在很大程度上规定了管理者可能的选择。成功的战略大多是那些与环境相适应的战略。松下电器是家庭娱乐系统的主要生产商，自20世纪80年代中期开始，在微型化方面实现了技术突破，同时家庭小型化趋势使得对大功率、高度紧凑的音响系统的需求剧增。Panasonic家庭音响系统的战略的成功，就是因为松下及早地认识到环境中正在发生的技术和社会变化。

管理者应很好地分析企业所处的环境，了解市场竞争的焦点，了解法律法规对组织可能产生的影响，以及企业所在地的劳动供给状况等。其中，分析环境的重点是把握环境的变化和发展趋势。环境的信息可以通过各种各样的外部资源来获取。

（3）发现机遇和挑战

分析了环境之后，管理者需要评估环境中哪些机遇可以利用，以及可能面临哪些挑战。机遇和挑战都是环境的特征。挑战可能会阻碍组织目标的实现，而机遇则相反。

在分析机遇与挑战时，如下因素是关键的：竞争对手行为、消费者行为、供应商行为和劳动力供应。技术进步、经济因素、法律-政治因素以及社会变迁等一般环境虽不对组织构成直接威胁，但作为一种长期计划，管理者在制定战略时也必须慎重考虑。分析机遇和挑战还必须考虑压力集团、利益集团、债权人、自然资源以及有潜力的竞争领域。如某企业发现竞争对手在开发新产品并削减价格，该企业所做的反应首先应是加强广告宣传、提高其品牌的知名度。

（4）分析组织的资源

这一分析将视角转移到组织内部：组织雇员拥有什么样的技巧和能力？组织的现金状况怎样？在开发新产品方面一直很成功吗？公众对组织及其产品或服务的质量的评价怎样？

这一环节的分析能使管理者认识到，无论多么强大的组织，都在资源和能力方面受到某种限制。

（5）识别优势和劣势

优势是组织可以开发利用以实现组织目标的积极的内部特征，是组织与众不同的能力（distinctive competence），即决定作为组织竞争武器的特殊技能和资源；劣势则是抑制或约束组织目标实现的内部特征。管理者应从如下方面评价组织的优势和劣势：市场、财务、产品、研究与开发。内部分析同样要考虑组织的结构、管理能力和管理质量，以及人力资源、组织文化的特征。

管理者可以通过各种各样的报告来获得有关企业内部优势和劣势的信息。

（6）重新评价组织的宗旨和目标

按照SWOT（strengths-weaknesses-opportunities-threats）分析和识别组织机会的要求，管理者应重新评价企业的宗旨和目标。

（7）制定战略

战略需要分别在企业层、事业层和职能层设立。在这一环节，组织将寻求恰当定位，以便获得领先于竞争对手的相对优势。

（8）实施战略

无论战略制定得多么有效，如果不能恰当地实施仍不可能保证组织的成功。另外，在战略实施过程中，最高管理层的领导能力固然重要，但中层和基层管理者执行计划的主动性同样重要。管理者需要通过招聘、选拔、处罚、调换、提升乃至解雇职员以确保组织战略目标的实现。

(9) 评价结果

战略管理过程的最后一步是评价结果：战略的效果如何？需要做哪些调整？这涉及控制流程。

1.4 ERP沙盘战略分析

在ERP沙盘模拟企业经营过程中，每个企业的初始状态是一致的，所给定的外部和内部资源也是一样的。企业的目标就可以简化为在资源给定的情况下，追求尽可能大的产出。从外表看，企业是在追求利润的最大化，实质上是企业尽可能合理地利用内部和外部的各种资源，在充分利用这些资源的基础上制定适合本企业的战略规划。

市场主导型战略与产能主导型战略是ERP沙盘模拟企业经营过程中较为普遍采用的两种整体性战略。一般在充分竞争的市场上，企业应当以市场为导向，制定本企业的整体战略。市场主导型战略具体表现为以预计的销售额或者签订的订单合同来确定企业的生产量，以避免产品积压过多。在现实中，企业通过制定销售预算来实现全面预算管理。在ERP沙盘模拟企业经营过程中，由于规则的存在，企业只有在市场上拿到适合自己企业产能的订单（订单多于产能会导致违约，订单少于产能则可能会有产品积压），才能取得好的经济效益。因此，计算企业的产能并在市场上获得所需的订单，并完成销售是决定企业经营成败的关键。在分析、选择和制定企业战略的时候，必须考虑ERP沙盘模拟企业经营的环境假设和对整体竞争态势的分析。以下介绍几种典型的整体战略，供大家启发思路：

(1) 高产能、高广告、多品种战略

在模拟经营之初，即大举贷款，筹集大量资金用于产品研发、新建生产线、扩大产能，保证产能第一。再以高广告投放方式在本地和区域市场大量获取订单，并夺取市场老大。随着产品研发的节奏，在最短的时间内实现权益的回升，并实现产品由低端到高端的过渡。

本战略有两个关键点：一是资本运作，有效使用长短期融资方式，做好资金预算，使自己有充足的资金用于扩大产能和维持高额的广告费用，并能顶住强大的还款压力。二是必须在市场上拿到所预计的市场订单，完成销售任务，最好做到零库存。产能的释放，必须伴随着销售任务的完成，只有完成了销售任务，才能回笼资金，才有进一步发展的可能。如果产品积压，就会导致资金不能回笼，企业的资金就面临断流的危险。

（2）高端产品、低广告策略

在模拟经营之初，利用长期借款和短期借款结合方式，新建柔性线，利用柔性线转产不需要时间和转产费用的特点，研发高端产品。例如，在第1年研发P4产品（P1为中间产品，也得研发），同时新建4条柔性线，在第2年1Q继续研发P4，同时生产P1，到2Q时，中间产品P1入库，P4也研发成功，可以马上生产P4。由于P4数量少，在市场上只需要投入少量广告费，即可实现全部销售。随着经营的继续，占领P4产品市场，不给竞争对手以机会，最终赢得胜利。

此战略需要注意：一是柔性线投资和折旧费用高，建的过多会导致资金断流，建的太少又无法灵活搭配实现订单数量。所以，需要营销总监准确分析市场，财务总监做好精确预算。二是必须全部卖掉P4产品，因为P4产品生产成本高，有库存必然造成大量资金被占用。

（3）小本经营战略

在模拟经营之初，少量贷款，筹集的资金用于产品研发和建设手工线，手工线价格便宜，折旧费用少，占用的资金少。在广告投放时，采取低广告策略，不在市场上抢单，而是“捡单”，即使没有按照预期捡到订单，有产品库存，对企业的发展影响也不是很大。下一年库存产品在市场上很容易卖掉（一季度交货的订单容易拿到，而且价格相对较高）。随着权益的增加，在第4、5年逐渐换生产线，第6年实现大爆发，获得胜利。

小本经营战略需要注意：一是此战略适合于竞争激烈的市场，若市场宽松，采取此战略将会错失发展良机。二是换生产线的时机要把握好，经营时，切不可受换生产线影响，循序渐进，逐步实现，要“稳”当头。三是广告投放要准确，通过分析市场上其他的竞争对手和产品，扬长避短，找到他们在市场上的薄弱环节，以最小的成本完成销售。

条条大路通罗马，在ERP沙盘模拟企业经营过程中，企业的经营方式和整体战略没有一成不变的模式。大家要用开阔的视野审时度势，用创新的思路制定适合自身发展的战略，并用严谨和认真的态度去执行战略，最后的成功自然水到渠成。

2.如果你是营销总监

企业如何才能在激烈的市场竞争中立于不败之地？如何在对手林立的环境中发展壮大？这个问题的关键只有一个：市场！市场是瞬息万变的，变化增加了竞争的对抗性和复杂性。谁赢得了市场，谁就赢得了竞争。

成功的企业都有正确的经营原则，而且有为顾客服务的良好意识。强烈的市场意识是为顾客提供优质产品的保障。美国著名IT巨头IBM公司是巧妙应用市场营销观念及营销策略的成功典范。IBM前营销副总裁罗杰斯说过："在IBM公司，每个员工都在推销。"尽管市场营销不是企业成功的唯一因素，但却是关键因素。美国著名管理学家彼得·德鲁克指出，市场营销是企业的基础，不能把它看作单独的职能，市场营销成为企业经营活动考虑的第一任务。

2.1 什么是市场营销

美国市场营销学家菲利普·科特勒教授对市场营销的定义为：市场营销是个人或组织通过创造并同他人交换产品和价值以满足需求与欲望的一种社会和管理过程。

根据这一定义，可以将市场营销具体归纳为以下几点：

① 市场营销的最终目标是"满足需求与欲望"。

② 交换是市场营销的核心，交换过程是一个主动、积极地寻找机会，满足双方需求和欲望的社会过程与管理过程。

③ 交换过程能否顺利进行，取决于营销者创造的产品和价值满足顾客需求的程度与交换过程管理的水平。

在营销管理实践中，企业通常需要预先设定一个预期的市场需求水平，不同的市场需求水平是不一致的，这就要求企业针对不同的需求情况，采取不同的营销管理对策，有效地满足市场需求，确保企业目标的实现。

2.2 市场营销战略管理与营销管理

市场营销战略管理是企业市场营销部门根据战略规划，在综合考虑外部市场机会及内部资源状况等因素的基础上，将市场细分后，确定目标市场，选择相应的市场营销策略组合，并予以有效实施和控制的过程，如图7-1所示。

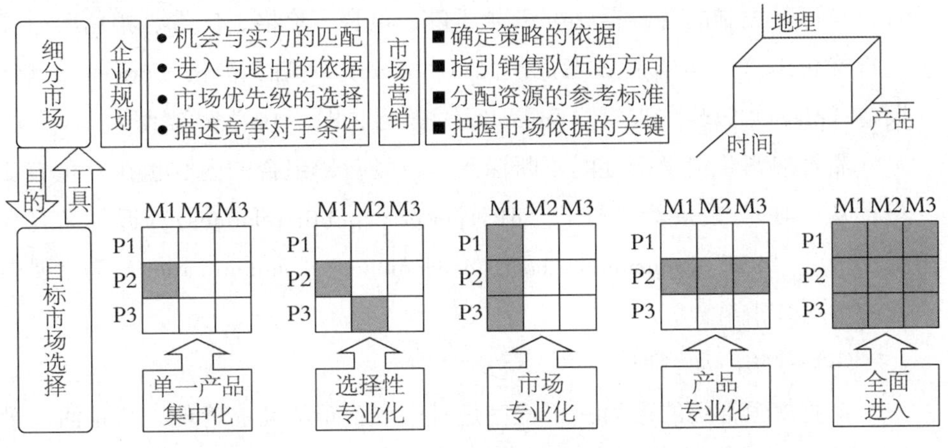

图 7-1 市场营销战略管理

企业营销管理是市场营销管理的内容和程序的体现，是指企业为达成自身的目标辨别、分析、选择和发掘市场营销机会，规划、执行和控制企业营销活动的全过程。企业营销管理包含着4个相互紧密联系的步骤：分析市场机会，选择目标市场，确定营销策略，营销活动管理。

（1）分析市场机会

在竞争激烈的买方市场，有利可图的营销机会并不多。企业必须对市场结构、消费者、竞争对手行为等进行调查研究，识别、评价和选择市场机会。

企业应该善于通过发现消费者现实的和潜在的需求，寻找各种“环境机会”，即市场机会，而且应当通过对各种“环境机会”的评估，确定最适合本企业的机会。

对企业市场机会的分析、评估，首先是通过有关营销部门对市场结构进行分析、对消费者行为进行识别和对市场营销环境进行研究；其次还需要对企业自身能力、市场竞争地位、企业优势与劣势等进行全面、客观的评价；还要检查市场机会与企业的宗旨、目标与任务的一致性。

（2）选择目标市场

对市场机会进行评估后，就要确定企业要进入哪个市场或者某个市场的哪个部分，即研究和选择企业目标市场。目标市场的选择是企业营销战略性的策略，是市场营销研究的重要内容。企业首先应该对进入的市场进行细分，分析每个细分市场的特点、需求趋势和竞争状况，并根据本公司优势，选择自己的目标市场。

（3）确定营销策略

在企业营销管理过程中，制定企业营销策略是关键环节。企业营销策略的制定体现在市场营销组合的设计上。为了满足目标市场的需要，企业对自身可以控制的各种营销要素如质量、包装、价格、广告、销售渠道等进行优化组合。重点应该考虑产品（product）策略、价格（price）策略、渠道（place）策略和促销（promotion）策略，即“4Ps”营销组合。

随着市场营销学研究的不断深入，市场营销组合的内容也在发生着变化，从“4Ps”发展为“6Ps”（4Ps+power和public relations）。近年又有人提出了以“4Cs”（consumer、cost、convenience、communication）为主要内容的市场营销组合。

（4）营销活动管理

企业营销管理的最后一个程序是对市场营销活动的管理。营销活动管理包括3个部分：

① 营销计划。既要制定长期战略规划，决定企业的发展方向和目标，又要有具体的营销计划，具体实施战略计划目标。

② 营销组织。营销计划需要有一个强有力的营销组织来执行。根据计划目标，需要组建一个高效的营销组织机构，需要对组织人员实施筛选、培训、激励和评估等一系列管理活动。

③ 营销控制。在营销计划实施过程中，需要控制系统来保证计划目标的实施。营销控制主要有企业年度计划控制、企业盈利控制、营销战略控制等。

营销管理的3个部分是相互联系、相互制约的。营销计划是营销组织活动的指导，营销组织负责实施营销计划，计划实施需要控制，保证计划得以实现。

2.3 市场细分与市场定位

（1）市场细分

市场细分是指营销者通过市场调研，依据消费者的需要和欲望、购买行为和购买习惯等方面的差异，把某一产品的市场整体划分为若干消费者群的市场分类过程。每一个消费者群就是一个细分市场，每一个细分市场都是由具有类似需求倾向的消费者构成的群体。

细分市场不是根据产品品种、产品系列来划分的，而是从消费者（指最终消费者和工业生产者）的角度进行划分的，是根据市场细分的理论基础，即消费者的需求、动机、购买行为的多元性和差异性来划分的。市场细分对企业的生产、营销起着极其重要的作用：

① 有利于选择目标市场和制定市场营销策略。

② 有利于发掘市场机会，开拓新市场。

③ 有利于集中人力、物力投入目标市场。

④ 有利于企业提高经济效益。

（2）市场定位

市场定位是指企业根据竞争对手现有产品在市场上所处的位置，针对顾客对该类产品某些特征或属性的重视程度，为本企业产品塑造与众不同的、给人印象鲜明的形象，并将这种形象生动地传递给顾客，从而使该产品在市场上确定适当的位置。

市场定位并不是你对一件产品本身做些什么，而是你在潜在消费者的心目中做了些什么。市场定位的实质是使本企业与其他企业严格区分开来，使顾客明显感觉和认识到这种差别，从而在顾客心目中占有特殊的位置。

市场定位可分为对现有产品的再定位和对潜在产品的预定位。对现有产品的再定位可能促使产品名称、价格和包装的改变，但是这些外表变化的目的是保证产品在潜在消费者的心目中留下值得购买的印象。对潜在产品的预定位，要求营销者必须从零开始，使产品特色确实符合所选择的目标市场。公司在进行市场定位时，一方面要了解竞争对手的产品具有何种特色，另一方面要研究消费者对该产品的各种属性的重视程度，然后根据这两方面进行分析，再选定本公司产品的特色和独特形象。

2.4 ERP沙盘模拟企业经营中的营销管理

在ERP沙盘模拟企业经营过程中，营销总监需要能灵活运用市场营销技巧，正确分析市场机会，合理选择目标市场，确定适合企业发展的市场营销策略；还要对各个市场拥有敏锐的洞察力和准确的判断力，既要专注于某个市场，又要全局统筹安排，可以结合企业的产能状况、财务状况、市场地位、产品价格差异等因素来合理考虑各个市场的订单分布情况。另外还包括：依据产能承接适量的订单，防止因产能不足出现违约；结合企业的财务状况，争取用最低的广告费用获取最大的销售额和利润，并保证库存现金及时回流；正确分配产品在各个市场的分布，保住或争取市场老大地位；尽量在利润率高的市场接单，尽量接利润率高的订单；选择正确的广告投放方式；尽量充分掌握竞争对手的广告策略和订单信息，为我所用。

在实际操作时，为了能胜任营销总监的岗位要求，需要掌握的技能主要有：

（1）市场预测与分析（详见项目6）

（2）广告投入产出比分析

广告投入产出比是评价广告投入收益率的指标，计算公式为：

广告投入产出比=订单销售后的毛利÷投入的广告费

广告投入产出比分析用来比较各个企业在广告投入上的差异。这个指标告诉经营管理者：本企业与竞争对手之间在广告投入策略上的差距，以警示营销总监深入分析市场和竞争对手，以便寻求节约成本、制定取胜策略的突破口。

（3）市场占有率分析

市场占有率是指在一定的时期内，企业所生产的产品在该市场的销售量或销售额占该市场同类产品销售量或销售额的比重。通过市场占有率分析来了解市场需求及本企业所处的市场地位。

市场占有率按销售数量统计。这个指标综合评定了企业在市场中销售产品的能力和获取利润的能力。

$$\text{市场占有率}=\frac{\text{该企业在该市场上全部产品的销售数量}}{\text{全部企业在该市场上全部产品的销售数量}}\times 100\%$$

分析可以在两个方向展开：一是横向分析；二是纵向分析。横向分析是对同一期间各企业市场占有率的数据进行对比，用以确定某企业在本年度的市场地位。纵向分析是对同一企业不同年度市场占有率的数据进行对比，由此可以看出企业历年来市场占有率的变化，从侧面反映了企业成长的历程。

通过市场占有率分析，我们可以看到企业在市场上与其他竞争对手的差距。运用这个指标，不仅能告诉我们目前企业发展的状态，更能给营销总监提出企业下一步改进的方向，改变策略，以获取市场老大的地位。

（4）竞争对手分析

ERP沙盘模拟企业经营过程中，不仅需要对那些现在已经存在的竞争对手进行分析，更要对会对企业将来产生重大影响的竞争对手进行认真分析。因为主要的竞争威胁不一定来自现有直接竞争对手，而可能来自新的潜在的竞争对手。在很多情况下，很多前期经营不错的企业，因为未能正确认识将来可能出现的竞争对手，出现了麻痹大意、轻敌的情绪，最终导致战略失误，全盘皆输。

掌握竞争对手信息的资料，除了ERP沙盘系统在每年年末各企业经营完之后，下发的3张表格外，另一个获取信息的渠道就是"巡盘"。"巡盘"要"巡"的信息包括生产产品资格、市场开拓状况、库存信息等基本信息，还包括新建生产线、原材料订购等。"巡盘"表设计见表7-1。

表7-1 **"巡盘"表**

<table>
<tr><td rowspan="4">（　　）企业</td><td>已研发产品</td><td>已建生产线</td><td>市场开拓</td><td>原材料订购</td></tr>
<tr><td></td><td></td><td></td><td></td></tr>
<tr><td>正研发产品</td><td>正建生产线</td><td>库存产品</td><td>库存原材料</td></tr>
<tr><td></td><td></td><td></td><td></td></tr>
</table>

通过对"巡盘"表中"正研发产品"、"正建生产线"和"原材料订购"三项内容的分析，我们大致可以获得其他企业下一年的发展意图和动向，是否为潜在市场进入者、是否已经退出市场竞争。

营销总监只有通过对这些公开的信息做出细致的分析和判断，才能发现竞争对手未来的战略行动，并向CEO提出积极的建议。

（5）广告投放和选单

在ERP沙盘模拟企业经营过程中，真正的博弈交锋是在广告的投放和市场的选单过程中。产品的选择、市场的选择都集中反映在广告费用投放的策略上，那么广告费怎么投？很多人都希望有一个公式或一个方法可以套用或者保证能在广告投放中不落下风，但事实上并不存在这样的公式或方法来保证百战百胜。正所谓兵无定势、水无常形，不同的市场、不同的规则以及不同的竞争对手等因素都会使广告投放策略发生变化。当然，广告投放还是有一定规律可以遵循的。下面具体探讨关于广告投放的一些基本要素，从而帮助我们更好地做好广告投放。

①横向广告策略。

如果产品组合是单一产品的方案，采用横向广告策略。例如，经营初期，打算卖掉4个P4产品，只需要在本地、区域市场分别投入广告额（一个市场投放30W以上，保证交货期；另一个市场投放10W以上，补充之前市场供应的不足）。随着经营的开展和市场的开拓，广告投放仅仅是金额和市场数量上的增加。

②纵向广告策略。

高广告、高产能的战略计划一般采用纵向广告策略。纵向广告策略就是集中在某个市场上投放广告，且投放金额较大，那么就能在此市场选单时，选择大单，通过选择每个产品的最大单来弥补放弃其他市场的损失，最终获得市场老大的地位。当获得了某个市场老大的地位之后，广告的投放将要有较大变化，因为随着经营的继续，产能在提升，一个市场无法销售所有产品。这时，可以在其他市场投放一些广告，以获取一定的订单作为补充。

投放完广告之后，就是选单，选择最有价值的销售订单对企业来讲意义非凡。销售订单的选取一般需要考虑以下几方面的因素：企业的实际产能；产品的销售数量和总价；产品的销售单价；应收账款的账期；订单的约束条件（是否需要ISO认证资格）；交货期。

选什么样的订单，不同的企业在考虑以上因素时，孰轻孰重也不尽相同。但是在参加全国比赛面对选单时，由于市场竞争激烈，一般而言，优先考虑的是交货期。交货期越长，企业越能有较多时间调整产品配置和生产顺序。其次考虑产品的销售数量和总价，保证企业本年不留库存，尽可能增加权益。接下来才是看产品的销售单价和应收账款的账期，毕竟缺乏现金时，应收账款是可以贴现的，只是多了财务费用而已。

2.5 营销管理案例分析

①甲企业第1年在本地市场P4产品上投放了70W的广告费，打算卖掉4个P4，却发现本地市场最大的订单为3个P4，而且错过了第2次选单机会（剩下的订单要求为2个P4）。这是一个明显的失误，在实训中，类似

的失误时有发生，应杜绝这种失误。同时，我们应该思考以下几个问题：

a.假如本地市场投第 2 多的广告费只有 30W，投放 70W 是否有些浪费？

b.如果从 70W 里分出 20W 投到区域市场，是否更有价值？

c.用这样大的代价去争本地市场选单第 1，是否比较合适？

②乙企业拥有两条第 2 年 2Q 可投资完成的 P2 自动线。该企业在第 2 年年初的订货会上接了 4 个 P2 产品的订单，结果到年底 P2 产品不够 4 个，无法交单，导致违约。这是为什么？

因为这两条 P2 自动线 2Q 才能完成投资，3Q 方可上线生产，到 4Q 时，只能各生产 1 个 P2 产品（合计 2 个），而 4Q 再上线生产的 P2 产品要到第 3 年 1Q 方可下线入库。因此，乙企业第 2 年实际上只能生产出 2 个 P2，无法交上 4 个 P2 产品，导致订单违约。

3.如果你是财务总监

财务总监是现代企业中最重要、最有价值的顶尖管理职位之一。随着经济发展和全球化的深入，传统的财务管理知识已远远不能适应现代企业的需要。一名现代意义上的财务总监，必须突破传统财务视野，从战略高度把握财务管理、公司治理等方面的知识及其运作手段，在瞬息万变的市场环境中做出及时准确的财务决策。

财务管理是在一定的整体目标下，对资产的购置（投资）、资本的融通（筹资）和经营中现金流量（营运资金），以及利润分配的管理。财务管理是企业管理的一个组成部分，是根据财经法规制度，按照财务管理的原则，组织企业财务活动，处理财务关系的一项经济管理工作。

3.1　筹资

筹资是指企业为满足生产经营资金的需要，向企业外部单位或个人以及企业内部筹集资金的一种财务活动。资金是企业的“血液”，是企业生存和发展所不可缺少的。企业没有资金，无法进行生产经营活动；有了资金如果使用不当，也会影响生产经营活动的正常进行。

（1）筹资的分类

① 按资金使用期限长短分为短期资金（1 年内（含 1 年）偿还，主要包括发行短期债券、短期银行借款、商业信用等）和中长期资金（1 年后偿还，主要包括吸收直接投资、发行股票、发行长期债券、长期银行借款、融资租赁等）。运作时，一般用长期资金来满足固定资产、无形资产、长期占用的流动资金的需要，而用短期资金来满足临时波动的流动资金的需要。

② 按资金来源渠道分为自有资金（所有者权益）和借入资金（负债）。

一般而言，自有资金的成本高于借入资金，筹资风险小于借入资金。

③ 按所筹资金的权益性质分为股权资本（成本高、风险低，主要指吸收直接投资、发行股票、留存收益等）和负债（成本低、风险高，主要指发行债券、银行借款、融资租赁、商业信用等）。

（2）筹资原则

筹资主要遵循的原则：规模适度、结构合理、成本节约、时机得当、依法筹集。

3.2　投资

投资指的是用某种有价值的资产，其中包括资金、人力、知识产权等投入到某个企业、项目或经济活动，以获取经济回报的商业行为或过程，可分为实物投资、资本投资和证券投资。前者是以货币投入企业，通过生产经营活动取得一定利润。后两者是以货币购买企业发行的股票和公司债券，间接参与企业的利润分配。

（1）投资种类

投资指投资者当期投入一定数额的资金而期望在未来获得回报，所得回报应该能补偿投资资金被占用的时间价值、预期的通货膨胀率、未来收益的不确定性。企业的投资活动主要分为两大类：

① 为对内扩大再生产奠定基础，即为购建固定资产、无形资产和其他长期资产支付的现金。

② 对外扩张，即为对外股权、债权支付的现金。

（2）主要作用

① 投资对经济增长的影响。经济增长情况主要是由投资决定，投资是经济增长的基本推动力，是经济增长的必要前提。

② 投资是促进技术进步的主要因素：一方面，投资是技术进步的载体，任何技术成果应用都必须通过某种投资活动来体现，它是技术与经济之间联系的纽带；另一方面，技术本身也是一种投资的结果，任何一项技术成果都是投入一定的人力资本和资源（如试验设备等）等的产物。技术进步的产生和应用都离不开投资。

3.3　营运资金管理

营运资金从会计的角度看是指流动资产与流动负债的净额，为可用来偿还支付义务的流动资产减去支付义务的流动负债的差额，公式表示为：

营运资金=流动资产-流动负债

=（总资产-非流动资产）-（总资产-所有者权益-非流动负债）

=（所有者权益+非流动负债）-非流动资产

（1）营运资金的作用

营运资金可以用来衡量公司或企业的短期偿债能力。其金额越大，代表该公司或企业对于支付义务的准备越充足，短期偿债能力越好。当营运资金出现负数，也就是一家企业的流动资产小于流动负债时，这家企业的营运可能随时因周转不灵而中断。

（2）营运资金管理的重要性

营运资金管理是对企业流动资产及流动负债的管理。一个企业要维持正常的运转就必须要拥有适量的营运资金，因此营运资金管理是企业财务管理的重要组成部分。据调查，公司财务总监有60%的时间都用于营运资金管理。要搞好营运资金管理，必须解决好流动资产和流动负债两个方面的问题：

第一，企业应该投资多少在流动资产上，即资金运用的管理，主要包括现金管理、应收账款管理和存货管理。

第二，企业应该怎样来进行流动资产的融资，即资金筹集的管理，包括银行短期借款的管理和商业信用的管理。

营运资金管理的核心内容就是对资金运用和资金筹集的管理。

3.4 利润分配

利润分配是指企业按照国家规定的政策和比例，对已实现的利润在企业和投资者之间进行分配。利润分配的一般程序是指企业实现企业经营所得后，应先用于哪些方面，后用于哪些方面的先后顺序。

我国改革后的利润分配程序为：企业的利润总额按照国家规定做相应调整后，首先在弥补以前年度（5年内）亏损后要缴纳所得税；税后剩余部分的利润为可供分配的利润。可供分配利润再按如下顺序进行分配：

① 支付被没收的财物损失，支付违反税收规定的滞纳金和罚款。

② 弥补在税前利润弥补亏损后仍存在的亏损。

③ 提取盈余公积金。

④ 向投资者分配利润。

3.5 ERP沙盘模拟企业经营中的财务管理

在ERP沙盘模拟企业经营过程中，财务总监集财务与会计两大职能于一身，不仅要负责企业日常现金收支，核算企业经营成果，还要负责资金的筹集、管理，做好资金预算，进行财务分析，妥善控制成本，参与企业重大决策方案的讨论等。因此，财务总监应该掌握以下技能：

（1）资金预算

各项投资需要资金，成本费用的支付需要资金，到期还债需要资金，如果没有一个准确详尽的资金预算，很快你就会焦头烂额，顾此失彼。因此，在对抗竞赛时，财务总监要根据企业战略设想和CEO的指令，对未来1~2年内企业经营所需的资金进行推演。如果推演出现问题无法经营下去，就要对战略设想进行修正。它可以使企业运筹帷幄，游刃有余。因此，在ERP沙盘模拟企业经营过程中，资金预算成为财务总监最为重要的一个任务。

利用资金预算表进行资金预算，测算何时会出现资金短缺，以便采取合理的融资方式进行融资，控制资金成本，保证企业运营的正常进行。

财务总监在制定财务预算时，要与营销总监、生产总监、采购总监认真沟通其资金需求计划。在考虑现金流问题时，既要保证企业发展战略实施所需资金的充足供应，又不要使资金过多滞留，造成浪费。（资金预算表详见：项目8——任务3中的“资金预算表”相关内容）

（2）编制报表

企业生产经营活动或预算执行的结果需要编制财务报表来反映，以供企业管理者参考、做出决策。在ERP沙盘模拟企业经营过程中，财务总监需要填写资产负债表。（详见：项目4——任务4填制年终经营报表）

（3）财务分析

财务分析是以会计核算和报表资料及其他相关资料为依据，采用一系列专门的分析技术和方法，对企业等经济组织过去和现在有关筹资活动、投资活动、经营活动、分配活动的盈利能力、营运能力、偿债能力和增长能力状况等进行分析与评价的经济管理活动。它为企业的投资者、债权人、经营者及其他关心企业的组织或个人了解企业过去、评价企业现状、预测企业未来做出正确决策，提供准确的信息或依据。（详见：项目8——任务6财务分析）

4.如果你是生产总监

生产总监应该根据企业发展战略的整体要求，在与CEO、营销总监、财务总监沟通的基础上，制订具体的生产计划和设备投资与改造计划，确定新设备用于生产何种产品、设备安装所需资金来源、设备建设的具体时间，以及生产什么、生产多少和何时生产。同时，及时将生产计划通报采购总监，以便合理安排采购计划。在讲具体操作之前，我们依然需要了解生产管理当中的部分概念。

4.1　生产管理与生产能力

①生产管理是计划、组织、指挥、监督、协调生产活动，以最少的资源损耗，获得最大的成果，是对企业生产系统的设置和运行的各项管理工

作的总称，又称生产控制。其内容包括：

a.生产组织工作，即选择厂址，布置工厂，组合生产线，实行劳动定额和劳动组织，设置生产管理系统等。

b.生产计划工作，即编制生产计划、生产技术准备计划和生产作业计划等。

c.生产控制工作，即控制生产进度、生产库存、生产质量和生产成本等。

②生产能力是指在计划期内，企业参与生产的全部固定资产，在既定的组织技术条件下，所能生产的产品数量，或者能够处理的原材料数量。

生产能力是反映企业所拥有的加工能力的一个技术参数，也可以反映企业的生产规模。每位CEO及生产总监之所以十分关心生产能力，是因为他需要随时知道企业的生产能力能否与市场需求相适应。当需求旺盛时，他需要考虑如何提高生产能力，以满足需求的增长；当需求不足时，他需要考虑如何缩小规模，避免生产能力过剩，尽可能减少损失。

4.2 生产计划

生产计划是关于企业生产运作系统总体方面的计划，是企业在计划期应达到的产品品种、质量、产量和产值等生产任务的计划和对产品生产进度的安排。生产计划一方面为满足客户要求的三要素“交货期、品质、成本”而计划；另一方面为使企业获得适当利益，而对生产的三要素“材料、人员、机器设备”的确切准备、分配及使用进行计划。

（1）生产计划的任务

① 要保证交货日期与生产量。

② 使企业维持同其生产能力相称的工作量（负荷）及适当开工率。

③ 作为物料采购的基准依据。

④ 将重要的产品或物料的库存量维持在适当水平。

⑤ 对长期的增产计划，做好人员与机械设备补充的安排。

（2）生产计划的内容

① 生产什么——产品名称。

② 生产多少——数量。

③ 在哪里生产——部门、单位、生产线。

④ 要求什么时候完成——期间、交货日期。

⑤ 什么时候开始生产。

4.3 产品及产品组合

(1) 什么是产品

产品是什么？这是一个不是问题的问题，因为企业时时刻刻都在开发、生产、销售产品，消费者时时刻刻都在使用、消费和享受产品。但随着科学技术的快速发展，社会的不断进步，消费者需求特征的日趋个性化，市场竞争程度的加深加广，导致了产品的内涵和外延也在不断扩大。

以现代观念对产品进行界定，产品是指为留意、获取、使用或消费以满足某种欲望和需求而提供给市场的一切东西。

电视机、化妆品、家具等有形物品已不能涵盖现代观念的产品，产品的内涵已从有形物品扩大到服务（美容、咨询）、人员（体育、影视明星等）、地点（桂林、维也纳）、组织（保护消费者协会）和观念（环保、公德意识）等。

产品的外延也从其核心产品（基本功能）向形式产品（产品的基本形式）、期望产品（期望的产品属性和条件）、附加产品（附加利益和服务）和潜在产品（产品的未来发展）扩展，即从核心产品发展到产品5层次。

产品最基本的层次是核心产品，即向消费者提供的产品基本效用和利益，也是消费者真正要购买的利益和效用。消费者购买某种产品并不是为了拥有该产品实体，而是为了获得能满足自身某种需求的利益和效用。如洗衣机的基本功能体现在它能让消费者方便、省力、省时地清洗衣物。产品核心功能需依附一定的实体来实现，产品实体称形式产品，即产品的基本形式，主要包括产品的构造、外形等。期望产品是消费者购买产品时期望的一整套属性和条件，是产品的第3个层次。如对于购买洗衣机的人来说，期望该机器能省时省力地清洗衣物，同时不损坏衣物，洗衣时噪声小、方便进排水、使用安全可靠等。附加产品是产品的第4个层次，即产品包含的附加服务和利益，主要包括运送、安装、调试、维修、产品保证、零配件供应、技术人员培训等。附加产品来源于对消费者需求的综合性和多层次性的深入研究，要求企业人员必须正视消费者的整体消费体系，但同时必须注意因附加产品的增加而增加的成本消费者是否愿意承担的问题。产品的第5个层次是潜在产品，潜在产品预示着该产品最终可能的所有增加和改变。

现代企业产品外延的不断扩展缘于消费者需求的复杂化和竞争的白热化。在产品的核心功能趋同的情况下，谁能更快、更多、更好地满足消费者的复杂利益整合的需求，谁就能拥有消费者，占有市场，取得竞争优势。不断扩展产品的外延部分已成为现代企业产品竞争的焦点，消费者对产品的期望价值越来越多地包含了其所能提供的服务、企业人员的素质及企业整体形象的“综合价值”。目前发达国家企业的产品竞争多集中在附加产品层次，而发展中国家企业的产品竞争则主要集中在期望产品层次。若产品在核心利益上相同，但附加产品所提供的服务不同，则可能被消费者看成两种不同的产品，因此也会造成两种截然不同的销售状况。美国著名管理学家李维特曾说过：“新的竞争不在于工厂里制造出来的产品，而在于工厂外能够给产品加上包装、服务、广告、咨询、融资、送货或顾客认为有价值的其他东西。”

（2）产品组合

产品组合也称“产品的各品种集合”，是指一个企业在一定时期内生产经营的全部产品、各种产品项目的组合。

企业的产品组合方式应遵循有利于促进销售和有利于增加企业利润这一原则。一般来说，拓宽产品系列（多品种）有利于发挥企业的潜能，开辟新市场，同时能避免较大风险，“东方不亮西方亮”；加深产品系列研发（研发高端产品）可以促使企业经营专业化，适合更多的特殊需要，突出其特色；加强产品系列的规模和效益，可以增强企业的市场地位，提高竞争实力。

由于市场需求和竞争形势的变化，产品组合中的每个项目，必然会在变化的市场环境下发生分化，一部分产品获得较快成长，一部分产品继续取得较高的利润，还有一部分产品则趋于衰落。企业如果不重视新产品的开发和衰退产品的剔除，则必将逐渐出现不健全的、不平衡的产品组合。

为此，企业中的营销总监和生产总监需要经常坐在一起，探讨、分析产品组合中各个产品项目或产品的销售成长率、利润率和市场占有率，判断各产品项目或产品销售成长上的潜力或发展趋势，以确定企业资金的运用方向，做出开发新产品和剔除衰退产品的决策，以调整其产品组合。

4.4 ERP沙盘模拟企业经营中的生产管理

在ERP沙盘模拟企业经营过程中，生产总监的主要工作是制订生产计划，安排产品组合，在接到营销总监的订单（按生产计划选单）之后安排产品生产，选择厂房和布局生产线等。因此生产总监需要学会以下几种技能：

（1）制订生产计划

生产计划就是生产过程的安排，包括长期、中期和短期计划。

① 生产总监要与营销总监一起，在考虑市场需求的基础上，以最大限度地提高产能为目标，结合财务投资情况，制订出合理的长期生产

计划。

② 依据本年度的订单，在产能总量能满足订单数量的前提下，制订中期生产计划，用以控制成本和减少采购的复杂性。此外，适当的产品库存、柔性线能使中期生产计划具有灵活性。

③ 中期生产计划的细化就是短期生产计划，计划的主要内容是安排哪条生产线生产何种产品，在制订计划的同时必须明确：在任何时间点上，每条生产线只能有一个产品在生产，而且只能在产品研发完成之后才能生产。

（2）产能计算

营销总监参加客户订货会之前，生产总监应正确计算企业的产能，并向营销总监提供可承诺量数据。

当年某产品可接单量=期初库存+本年产量+可能的租赁线加工产量

其中，本年产量是指本年拥有的生产线可以生产的产品数量。例如，A企业在第3年自建有4条柔性线，且第2年4Q时，全部产品在线生产，则本年产量为4×4=16个（1Q下线的产品为上年4Q在线产品，总共4个；2Q下线的产品为1Q在线产品，4个……4Q下线的产品为3Q在线产品，4个）。

可能的租赁线加工产量是指本企业在市场上拿到了多于计划产能之外的订单，这时，通过租赁生产线来完成产品生产的数量。例如，B企业有3条自动线生产P2产品，却在选单市场拿到了15个P2，3条自动线满负荷生产最多为3×4=12个产品，为了交单，可以在年初租赁1条生产线来生产P2，数量为1×3=3个，这3个P2就是可能的租赁线加工产量。

（3）成本分析

成本分析从两个方面入手：一是单位产品的成本，单位产品成本包括直接费用（原材料费、加工费）和分摊的间接费用（管理费、厂房租金、广告费、财务费用、维护费、折旧等）。二是通过计算各项费用占销售的比例揭示成本与收入的关系，了解各费用要素在总体成本中所占的比例，从比例较高的那些费用支出项入手，分析发生的原因，提出控制费用的方法。费用比例的计算公式为：

费用比例=费用÷销售收入

（4）产品盈利分析

产品盈利分析就是对企业销售的所有产品和服务分项进行盈利细化核算，核算公式为：

某单位产品利润=某单位产品收入－某单位产品成本

=某单位产品收入-某单位产品直接成本-分摊给该单位产品的间接费用

这个指标可以告诉企业经营者哪些产品是赚钱的，哪些产品是不赚钱的。在这个公式中，分摊费用是不能够直接认定到产品上的间接费用，如广告费、管理费、维护费、研发费、租金等，需要在当年的产品中进行分摊。分摊费用的方法有很多种，在ERP沙盘模拟企业经营中，费用分摊是按照产品数量进行的分摊，即：

某类产品分摊的费用=分摊费用÷各类产品销售数量总和×某类产品销售的数量

（5）产品库存管理

产品库存最好是处于零库存状态，产品一经生产出来就立即交货。产品库存发生的原因主要有：一是积压；二是凑批量；三是货物储备。发生积压的情况，一般是由于产能过剩，而订单获取较少，近期无法售出产品造成，积压造成的库存占用大量的资金，将直接导致财务费用增加；凑批量发生的库存主要发生在一年当中，需要按订单批次交货，为了完成一个较大的订单，企业要积累几个季度的产能才能一次性交单，为了凑批量而产生的库存是正常的生产过程库存；货物储备主要发生在有"竞单"年之前，为了"竞单"更有竞争力而主动存储的产品库存。

（6）生产线布局

在ERP沙盘模拟企业经营中，4种生产线各有优劣，但单从灵活性角度而言，柔性线有着得天独厚的优势，在企业生产中，是不可或缺的。换句话说，柔性线用得怎么样，直接显示出一个生产总监的沙盘水平。例如，C企业在经营初期，新建了4条自动线，打算以P1和P3产品组合进入本地市场，由于P3产品是中高端产品，价格高，市场需求量小，导致市场选单时，为了能拿到交货期为4Q的P3订单，需要投入较多的广告费。为了克服这个问题，在建生产线时搭配2条柔性线，在选单时，则不用考虑交货期，直接选择价格高的P3。因为4Q交货期产品，可以用P1生产线来完成（生产总监到第3Q生产时，将P1转产成P3生产即可）。

5.如果你是采购总监

5.1 采购与采购计划

（1）采购

采购是指企业在一定的条件下从供应市场获取产品或服务作为企业资源，以保证企业生产及经营活动正常开展的一项企业经营活动。

采购的基本作用就是将资源从资源市场的供应商手中转移到用户手中的过程。在这个过程中，要实现将资源的物质实体从供应商手中转移到用户手中。前者是一个商流过程，主要通过商品交易、等价交换来实现商品所有权的转移。后者是一个物流过程，主要通过运输、储存、包装、装卸、流通加工等手段来实现商品空间位置和时间位置的完整结合，缺一不可。只有这两个方面都完全实现了，采购过程才算完成。因此，采购过程实际上是商流过程与物流过程的统一。

（2）采购计划

采购计划是指企业管理人员在了解市场供求情况、认识企业生产经营活动过程和掌握物料消耗规律的基础上对计划期内物料采购管理活动所做的预见性的安排和部署。采购计划是根据生产部门或其他使用部门的计划制定的包括采购物料、采购数量、需求日期等内容的计划表格。

制订采购计划，可以起到以下作用：

① 可以有效地规避风险，减少损失。

② 为企业组织采购提供了依据。

③ 有利于资源的合理配置，以取得最佳的经济效益。

5.2 物料管理

物料管理就是从整个公司的角度来解决物料问题，包括协调不同供应商之间的协作，使不同物料之间的配合性和性能表现符合设计要求；提供不同供应商之间以及供应商与公司各部门之间交流的平台；控制物料流动率。

（1）物料管理的目标

① 物料规格标准化，减少物料种类，有效管理物料规格的新增与变更。

② 适时供应生产所需之物料，避免停工待料。

③ 适当管制采购价格，降低物料成本。

④ 确保来料品质良好，并适当地管制供货商。

⑤ 有效率地收发物料，提高工作人员的效率，避免呆料、废料的产生。

⑥ 掌握物料的适当存量，减少资金的积压。

⑦ 仓储空间充分利用。

（2）物料管理的原则

通常意义上，物料管理部门应保证物料供应适时（right time）、适质（right quality）、适量（right quantity）、适价（right price）、适地（right place），这就是物料管理的5R原则，是对任何企业均适用且实用的原则。

① 适时：要求供应商在规定的时间准时交货，防止交货延迟和提前交货。

② 适质：供应商送来的物料和仓库发到生产现场的物料，质量应是适当的，符合技术要求的。

③ 适量：采购物料的数量应是适当的，即对买方来说是经济的订货数量，对卖方而言为经济的被订数量。

④ 适价：采购价格的高低直接关系到最终产品或服务价格的高低，在确保满足其他条件的情况下力争最低的采购价格是采购人员最重要的工作。

⑤ 适地：物料原产地的地点应适当，与使用地的距离越近越好。距离太远，运输成本大，无疑会影响价格，同时沟通协调、处理问题很不方便，容易造成交货延迟。

5.3　ERP沙盘模拟企业经营中的采购管理

在ERP沙盘模拟企业经营过程中，简化了实际采购和物料管理的环节，采购总监的工作任务就是适时、适量、适价地采购到各种产品的原材料。适时与生产计划和采购提前期有关；适量与产品产能和产品结构相关。

原材料采购涉及两个环节，签订采购合同和按合同收料付款。签订采购合同时要注意采购提前期。原材料R1和R2需提前一个季度下单订购，原材料R3和R4需提前两个季度下单订购，这就需要采购总监与生产总监密切配合，随时沟通，根据生产计划的进度要求，确定采购计划，即采购什么、采购多少与何时采购，保证适时适量供应生产所需的原材料，要努力做到既不出现物料短缺，又不出现库存积压。在原材料到货时，要准备充足的现金支付原材料款，付款后系统自动将原材料送入原材料库。

从保障生产的角度出发，原材料库中应尽量放置原材料，以便于生产计划的执行。从财务的角度讲，零库存最有利于节约财务费用。零库存并不是指没有库存、仓库可以取消，而是指入库的原材料马上就能进入生产环节，仓库没有积压，从盘面看起来原材料的库存为零。零库存对生产计划和采购计划要求较高，一旦出现原材料下单失误，就会发生停工待料的情况，给企业造成巨大的损失。如果发生这种情况，可以通过紧急采购来获得所需的原材料，但价格是正常采购的两倍。当然了，对于一些有柔性线的企业，为了在市场上拿单更灵活，发挥柔性线转产的优势，在原材料库中多备些原材料，就成了“百变库存”（详见：项目7——任务3中的“百变库存管理”内容）。

小提示：

甲企业的生产总监计划在第3年全年用3条自动线生产P3，两条手工线生产P2。为了保障生产计划顺利实施，并实现原料零库存，作为采购总监的你，打算何时开始订购原材料？订购多少？

任务3　竞技战术分析

【实训目的】

熟悉电子沙盘主要运营环节竞技战术知识

提高电子沙盘主要运营环节的竞技水平和应变能力

每年的沙盘经营大赛吸引了来自全国各地数百所高校的代表队伍同场竞技。在激烈的角逐中，有的队伍突破重围，脱颖而出；有的队伍则一开始就折戟落败，宣告破产。比赛中，除了有运气成分外，战略选择和经营技巧同样很重要，在这里与大家一起分享关于沙盘比赛中竞技战术的一些心得，希望同学们能有所收获。

1.赛前战略规划和预算

一支真正有水平的、成熟的队伍，在赛前会将市场分析和规则了解作为重中之重。战略规划就是要在大赛前制订出几套经营方案，并将各个方案按照企业经营流程模拟一遍，找到每个方案的优缺点，从而达到“先胜而后求战”的效果。

在做战略规划时需要注意几点：

（1）万事预则立，不预则废

方案的制订必须建立在充分了解市场的基础上，通过资金预算，分析企业经营效果。好的预算可以评估出企业在经营过程中出现的风险，当企业实际操盘经营时，尽量规避风险。预算就像高手对弈，胸中必须有整个棋局，有走一步看三步的眼光，方能制胜，取得好的成绩。

（2）数据是做出判断的基础

CEO在遇到问题做出决策时，不能头脑发热，拍拍脑袋就随口说出，而是应该一切以数据作为基础，并经过严谨周密的计算，用真实可靠的数据来支持决策。在制定大的战略时，更应如此，绝对不能凭空臆想，信口开河。

（3）重视你的竞争对手

知己知彼，才能百战不殆。了解你的竞争对手，准确推断出竞争对手的战略意图，才能做出有针对性的策略。在ERP沙盘模拟企业经营比赛中，投放广告前，有一个“巡盘”环节，就是让各个企业了解竞争对手，包括竞争对手的市场开拓、产品选择、库存等信息，从而为投放广告提供依据。所以，在有限的“巡盘”时间内，充分了解竞争对手的有效企业信息，也对参赛选手提出了一个较高要求。

（4）细节决定成败

关注细节是一种习惯，要从平时点滴中慢慢积累培养。在比赛中，有时会出现因为一个小小的失误导致全盘皆输的状况。很多同学认为这些“失误”微乎其微，不关大局。其实不然，在高水平的全国比赛中，财务总监、市场总监在条件相同的情况下对细节的把控能力就成了比赛胜负的关键。

（5）沉着冷静，随机应变

在比赛中，无论前期做了多么充分的预算和规划，依然会发生很多意想不到的状况。这些突发状况都是无法预测，又是无法回避的。一支真正成熟的队伍一定具备“泰山崩于前而面不改色”的风范，沉着冷静，随机应变，能因势利导地处理各种突发状况，只有这样才能在瞬息万变的局势中转危为安，进而找到制胜之道。

2. 广告投放

广告费怎么投？该投多少？对于此问题并没有一个统一通用的公式，对于不同的竞争对手，博弈市场的结果是不一样的。兵无定势、水无常形，不同的规则、不同的市场、不同的产品等都可能导致广告投放策略的不同。那么投放广告，就是凭感觉、碰运气吗？不是，投广告也有一些规律可循。

① 市场预测分析，明确各产品、各市场、各年度的需求和毛利，弄清哪个是市场的热捧产品，通过“巡盘”计算市场总需求和全部队伍的产能并进行比较，判断此产品的供需关系。若“供大于求”，就意味着需要投入更多的广告费用去抢占市场份额；若“供小于求”则意味着投入较小的广告费用就可以拿到订单。

② 制定广告策略。对销售额、毛利有了一个较为明确的目标后，通过分析“巡盘”数据，判断得出产品广告的投放预算额度，并计算广告投入产出比（广告投入产出比=订单销售后的毛利÷投入的广告费），即投入1W的广告费可以拿到多大的毛利。在沙盘模拟对抗中，广告投入产出比越高，说明广告投放越成功，反之投放效果差，则需要来重新调整不同产品的广告投入，得出最佳广告投放方案。当然满足零库存经营是广告投放的核心。

3. 参加订货会

在选单环节之前，首先要计算好自己企业的产能，包括每个季度可以产出多少产品，有多少产品可以通过转产来实现灵活调整。在对自己的产能情况了如指掌后，通过市场预测分析，大概确定准备在哪个市场出售多少产品，同时决定相应的广告费。

在所有组的广告投放完毕后，裁判会将所有的广告情况下发，我们可以快速分析出自己在各个市场选单的次序，同时对比原来设计的产品投放安排，做出相应调整，保证顺利实现销售。

4. 参加竞单会

竞单规则中，每种产品可以最高卖出直接成本3倍的价格，巨大的利润导致某些队伍将所有销售全部押在竞单市场上。若市场空，则会赚得盆钵满溢。若市场挤，必然出现某个企业无法拿到足够的订单而导致产品大量积压，也会因为竞争激烈而压低价格，出现大幅降价倾销的情况，这些都增加了竞单市场的风险。

有些同学可能要问了，既然风险这么高，是不是最好就不竞单了，只要在选单市场稳稳地接单销售，保持稳定增长就可以了呢？其实不然，竞单的利润极高，如果能在竞单市场拿到高价的订单，那么净利润会有突飞猛进的增长，在权益上将会有质的飞越，可能一个小小的竞单改变了整个局势。

竞单信息一般都会提前下发给各个企业，目的是给各企业留出充分的时间考虑参与竞单，竞单产品的品种、数量、价格、交货期和账期等因素都是企业需要考虑的。竞单环节的引入，大大提高了比赛博弈性，企业只有在做好周密预算的基础上，充分吃透规则、因势利导、运筹帷幄，才能达到出其不意的效果。

在竞单中，有3个变量是需要我们手工填写的——单价、交货期和应收账期。取得订单的条件是根据公式“得分=100+（5-交货期）×2+应收账期-8×单价÷该产品直接成本”，以得分最高者中标，如果计算分数相同，那么先提交者中标。如何设置这3个变量，找到得分和收益的最佳平衡点是竞单成败的关键。

下面通过表格形式来说明为保证得分不变，不同产品交货期减少1季对单价的影响，及应收账期增加1季对单价的影响，见表7-2。

表7-2 交货期、应收账期变动与单价的关系

产品	直接成本（W/个）	交货期减1季对单价的影响（W/个）	应收账期增1季对单价的影响（W/个）
P1	20	+5	+2.5
P2	30	+7.5	+3.75
P3	40	+10	+5
P4	50	+12.5	+6.25
P5	60	+15	+7.5

从竞单公式中可以看出，交货期每降低1季，若保证总分不变，（8×单价÷该产品直接成本）可以增2。以P1为例（直接成本为20W/个），单价可以提高5W/个，同理可以计算出P2、P3、P4、P5的对应值。

应收账期每增加1季，若保证总分不变，（8×单价÷该产品直接成本）

可以增1，以P1为例（直接成本为20W/个），单价可以提高2.5W/个，同理可以计算出P2、P3、P4、P5的对应值。

通过分析，可以看出，交货期对单价影响较大，用库存参与竞单，在交货期上保持优势，在竞单中胜算会较大。所以，我们可以在订货会上尽量选择交货期靠后的单子，尽可能将交货期早的产品留在竞单市场，以谋取更高的利润。同时交货期的另外一个影响要素是产能。产能越大，相对来说可以早交货的产品就越多。因此大产能是在竞单市场中获得高利润的法宝。

5. 支付所得税

所得税，即对企业经营所得而征收的（也就是对经营盈利部分向国家缴纳的）一种税费。交税需满足以下两个条件：

① 经营当年盈利（年度利润为正）。

② 弥补了前面最多5年亏损后，仍盈利。

为了更好地说明如何缴纳所得税，现举例说明，见表7-3。

表7-3 所得税费用计算

年份	第1年（W）	第2年（W）	第3年（W）	第4年（W）	第5年（W）	第6年（W）
税前利润	-10	50	-50	-20	50	60
所得税费用（税率为25%）	0	10	0	0	0	10
年度净利润	-10	40	-50	-20	50	50

第1年亏损不交所得税，第2年盈利50W，弥补第1年亏损后盈利40W，按税率25%，交所得税为10W。第3年和第4年亏损，不交税。第5年盈利50W，但不足以弥补第3年和第4年的亏损70W，故不交税。第6年盈利，需要与未交税的第3、4、5年累计计算应税利润为（-50）+（-20）+50+60=40W，所得税费用为10W。

总之，从当年开始，与前面连续无所得税年份的税前利润累加，得到应税利润，若大于零，则需交所得税。

所得税是在年底算出来的，但税款不是在当年结束时支付，而是到第2年投放广告时，税款连同到期长期借款本息和广告费一起支付，故在填报表时，所得税是在报表里的“应交所得税”一项体现。

6. 申请、更新长短期借款与支付利息

长期借款和短期借款是商战里最主要的两种融资策略方式，怎么搭配两种贷款方式、贷款金额比例各占多少才是合理的，是我们需要考虑的。一般来说，长期借款用来做长期投资，包括买厂房、建生产线、研发产品

及开拓市场等；短期借款是用来做资金周转的，主要有原材料采购、产品加工等。采用这样的策略虽然稳妥，但是不一定能获得最大收益。

长期借款利率通常比短期借款利率高，因此尽量多地采用短期借款的方式来筹集资金，可以有效减少财务费用。有3个方面可供参考：

一是短期借款尽可能分散在一年的4个季度当中，不要某一个季度贷很多，下个季度又贷很少，减轻还贷压力；如果库存现金够用，贷款时间尽量推后，在权益有保证的前提下，提前一季贷新的短期借款来归还到期的短期借款，实施以贷养贷的策略。当然，这样风险也较高，如果预算不准，权益下降，那么紧接着贷款额度会减少，无法用新的贷款来弥补资金短缺缺口，将陷入资金断流的境地。

二是短期借款的利率为5%，计算利息时四舍五入，贷款数以（20N+9）为最佳，其中N为正整数，9部分对应的利息为0.45，根据利息规则四舍五入，可以不计利息。

三是长期借款的利率为10%，与短期借款一样，计算利息时四舍五入，贷款数以（10N+4）为最佳，其中N为正整数，4部分对应的利息为0.4，也可以不计利息。

企业整体战略加上精准财务预算，是决定长短期借款比例最重要的因素。只有合理调节好长短期借款比例，让其变成盈利的工具，才可以让借来的钱创造出更多的利润。

7.原材料的更新（入库）、下原材料订单

（1）零库存管理

在商战对抗中，原材料的更新将占用较多的资金，原材料本身是不会产生利润的。所以原材料库存越多，就意味着需要更多资金，导致贷款越多，财务费用就会增加。另外，大量资金被原材料占用，降低了资金周转率。因此减少原材料库存是企业节流的一项重要举措。

产品的原材料确定，原材料采购时间周期也确定，因此我们可以通过明确的生产计划，准确地计算出所需原材料的种类和数量，以及相应的采购时间。

比如P1产品的原材料构成是R1，而R1的订购提前期是1季，为了能让生产线在第2年3季度生产，那么只要在第2年2季度订购就可以保证在3季度需要上线生产时，正好有充足的R1原材料。这样一直没有原材料库存，保证了资金的充分利用，实现“零库存”目标。

（2）百变库存管理

“零库存”管理是基于未来需求不变的情况下所做的安排。但是在市

场选单时，订单并不会按照我们自己的预想拿到，市场需求是千变万化的。因此，利用柔性线转产来调整已有的一些生产计划，及时灵活地调整生产安排方可应对变化的市场，这时，原材料的采购计划就应该满足所有方案中产品的生产需求。

比如现有一条柔性线，在第2年3季度有可能生产P1，也有可能生产P2，P1由R1构成，P2由R2和R3构成。为了保证第2年3季度能实现P1和P2之间任意转产，则必须在3季度有R1、R2、R3三种原材料。

要想充分发挥柔性线的转产优势，必须做好原材料的订购，提前2季度订购，做好转产库存的准备。另外，后两季度也可以按照已选订单，冲销前面多订购的原材料，消化掉多余库存。

做好原材料的灵活采购计划，利用柔性线机动调整产能和产品，兼顾好资金的使用，才能真正实现“百变库存”管理。

8.购买或租用厂房

（1）购买厂房

厂房不考虑折旧，在资金充足的情况下购买厂房，可以节省租金、减少费用，所有者权益将保持不变，仅仅是资金形式发生了变化，由原来的库存现金变成了固定资产。所以，不是大量铺设生产线或者是以租赁线开局的队伍，可以在第1年把库存现金变成厂房形式，费用支出少了，权益下降就少，第2年贷款额度必然会增加，有利于第2年发展。

（2）租用厂房

租用厂房扣除租金，租金计入费用，降低权益。但是在资金不充足的情况下，租用厂房，可以缓解本年紧张的现金流。有的队伍用贷款方式购买厂房，其实，每支参加国赛的队伍都会将资金利用最大化，即将银行能贷出的钱全部利用。

（3）厂房选择

厂房分为大、中、小3类，容量分别为4、3、2。如果采用租的方式，则分摊到每条生产线上的租金，分别为11W/条、10W/条、9W/条，看似小厂房合算。当企业发展到后几年，开拓出所有市场时，市场总监能明显感受到市场很大，可接的订单很多，因小厂房的容量只有2条生产线，所以选择小厂房会严重降低企业产能，成为企业发展的桎梏。故只要有市场，就应该尽量选择容量大的厂房，除非有的队伍用小厂房作为过渡。

（4）厂房处理

商战中对厂房的处理有两种方式：一是厂房贴现，相当于直接将厂房按4Q的应收账款贴现，得到现金，同时扣除厂房租金，本操作可随时进行。二是厂房处理操作，包括“卖出”、“退租”和“租转买”。其中，“卖出”是得到4Q的应收账款，在每个季度出现“厂房处理”操作步骤时方可以进行。而“退租”和“租转买”操作则需要租满一年后方可进行。比如第2年第1季度租的小厂房要进行“退租”操作，只有等到第3年第1季度才能执行，因为厂房租金是先扣再用，而且是用满一年。

9.生产线——性能比较

在以往的大赛中，生产线的恰当、合理的使用，很大程度上影响着企业的发展。2011年国赛获得一等奖的队伍多以4条柔性线或全租赁线开局，而2012年国赛则多是以柔性线搭配手工线，到了2013年第九届大赛时，以租赁线或4条柔性线开局的队伍多数进行到第3、4年时就宣告破产，而以手工线开局的队伍笑到了最后。在规则大体不变的情况下，为什么会有这样不同的结果呢？下面我们就生产线的性能进行一个讨论，看看究竟怎样使用生产线最合理。

（1）费用

柔性线（第1年建成时为20W的维护费，没有折旧）费用为60W（20W维护费+40W的折旧），自动线（第1年建成时为20W的维护费，没有折旧）费用为50W（20W维护费+30W的折旧），租赁线费用为65W，而手工线（第1年建成时为5W的维护费，没有折旧）费用为15W（5W维护费+10W的折旧）。如果面对的是一个产品价格普遍偏高、每单数量大的市场，采用柔性线或租赁线产生的费用完全可以被卖掉产品的利润抵消掉，甚至可以有更多的结余。反之，若市场产品价格偏低、需求量小，柔性线或租赁线过高的费用会成为企业沉重的负担，一旦市场拥挤，产品有库存，将会导致企业入不敷出，权益下降，采用手工线则把市场的风险降至最低。

（2）产能

柔性线、自动线及租赁线的生产周期为1Q，即一年可以生产出4个产品。而手工线生产周期为2Q，即一年只能生产出2个产品。以柔性线作为比较标杆，如果在厂房允许的情况下，2条手工线的产能才可以抵上1条柔性线。市场需求量越大，产品价格越高，手工线的劣势会越明显，因为企业最多可以拥有4个大厂房，即最多可以建16条柔性线。而如果全是手工线，则16条手工线产能相当于8条柔性线，产能上会大大落后于16条柔性线，孰优孰劣，不言而喻。

（3）转产

柔性线、手工线转产随时可以，且没有费用。租赁线和自动线转产需要1个周期，而且需要20W的转产费，企业使用时，一般很少会考虑转产租赁线和自动线。假如我们只是使用租赁线或自动线，那么我们的产品品种及数量将定得非常死，不仅对营销总监投放广告提出了更高要求，而且在市场选单时，一切只能按照既定的产品产能去选单，非常被动，不灵活。而如果采用柔性线，则在选单时，可以在产品之间任意搭配组合，将市场不确定性带来的风险最小化。

（4）安装周期

手工线和租赁线不需要安装周期，即买即用。租赁线建设时更不需要任何投入，仅需要在年末支付维护费。这样就可以使得我们在市场选单时更加灵活，对于多选的产品完全可以用即买即用的租赁线生产交单，避免违约。但租赁线和手工线不计分值，若不及时处理更换，会对总分的计算有一些影响。

（5）盈亏平衡点（break-even point，BEP）分析

盈亏平衡点，又称零利润点、保本点、盈亏临界点，通常是指全部销售收入等于全部成本时（销售收入线与总成本线的交点）的产量或收入。以盈亏平衡点为界限，当销售收入高于盈亏平衡点时企业盈利，反之，企业就亏损。盈亏平衡点可以用销售量来表示，即盈亏平衡点的销售量；也可以用销售额来表示，即盈亏平衡点的销售额。盈亏临界图如图7-2所示。

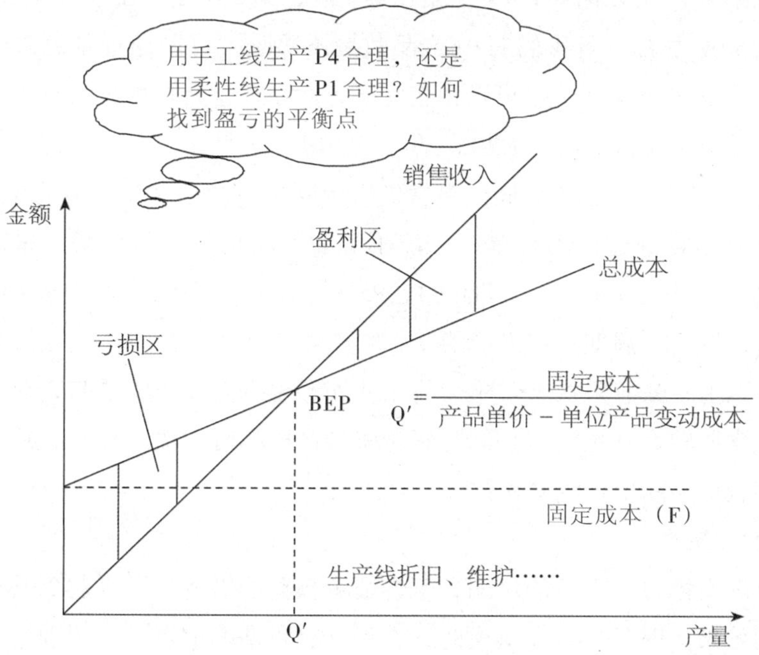

图7-2　盈亏临界图

盈亏平衡点分析利用成本的固定性质和可变性质来确定获利所必需的产量范围。可将总成本划分为两类：一类是随产量而变化的变动成本；另一类是不随产量而变化的固定成本。可将总成本看作成本汇集的总额，包括生产线折旧、维护费、产品研发费等。此汇集总额在扣除可变成本（原材料费和加工费）之后，必须被纯收入所补偿，这种经营才能产生利润，如果扣除可变成本之后的纯收入刚好等于固定成本的汇集总额，那么这一点称为盈亏平衡点。正是因为在销售进程的这一点上，总的纯收入刚好补偿了总成本（包括固定成本和可变成本），低于这一点就会发生亏损，而超过这一点就会产生利润。

企业在经营时，用什么样的生产线生产哪类产品，所对应的销售量是不一样的，必须根据固定成本、产品单价与变动成本计算出保本产量的盈亏平衡点。若市场无法提供满足生产的产品销量，企业应该果断放弃此种生产方式，重新考虑其他生产线与产品组合。

通过以上分析，我们可以看到每类生产线都有各自的优缺点，只有充分了解熟悉了它们，方可在面对不同的市场时，处乱不惊，灵活运用。

10.紧急采购

不论紧急采购原材料还是产成品，作为企业都应该是尽量避免的，但是在一些时候，通过紧急采购可以收到意想不到的效果。

在选单时，如果出现一些价格高的大单而自己产能不够时，可以利用紧急采购来补充。例如，P1产品在第5年、第6年经常出现6~7个大单，均价在60W左右，当我们的P1产品数量不够时，可以通过紧急采购几个P1来完成交单。这样不仅可以销售完所有产品，也无形中扩大该市场的销售额，为企业成为市场老大起到了一定作用。

在竞单时，由于产品最大销售价格可以是该产品直接成本的3倍。因此如果有幸竞到这样的订单，产能不足的产品也可以利用紧急采购来弥补；同时对于竞到的高端产品P4、P5，可以紧急采购它的中间产品P1、P2，来缩短生产周期，扩大产能。

当然了，紧急采购来交单会将企业库存现金变成应收账款，对企业资金的正常周转有一定影响，同时紧急采购产成品时，成本偏高，这就要求企业要有足够的现金流来支撑。

11.按订单交货

合理安排订单交货的时间，配合资金预算的需要，可以起到减少财务费用的效果。财务总监在交货时，在保证交货期的前提下，主要应该关注订单的应收账期，通过细致的预算和资金筹划，尽量使得回款峰谷与现金支出峰谷匹配，减少贴现造成的财务费用。

如获得两个交货期都为4Q的订单，一个订单为4个P2总额是285W，账期为3Q。另一个为3个P2总额是210W，账期为2Q。假设第1Q时，有4个P2可交货，而通过预算又发现，第4Q短期借款压力较大，差200W左右，这个时候，如果我们交的是4个P2的订单，在第4Q开始经营时，285W的应收账款还差1Q才能收回，企业需要通过贴现的方式还短期借款。而如果第1Q不是产多少交多少，先交3个P2的订单，那么在第4Q时，210W的应收账款在第3Q已经收回，正好填补了第4Q开始时还短期借款的需求，避免了贴现产生的财务费用。

12. 对账

一个成功的企业都会在每年年初做好整年的预算，每个季度、每个阶段操作的每一步都已经了然于胸，接下来就是操盘者用电脑在商战软件中具体实施。所以，各个队员之间包括CEO、财务总监、采购总监等必须与操盘者积极沟通，操作的每一步都应实时对账，避免出现低级的操作失误。比如忘记在建工程继续投资、生产线忘记转产、未贷款等情况发生。对账的另一个目的是检验财务总监的预算是否准确，发现问题时，应停止操盘，想出应对的对策后重新做预算。如若年底才发现预算错误，一直错误地走下来，很可能会到无法挽回的地步，让人后悔不已。只有对账的队伍才能及时发现问题，才会减少失误，才有可能获得最后的胜利。

13. 订单违约

在国赛中，本年度的产品产能应该尽量在选单市场中消化掉。但是，在有竞单的年份，不参与竞单，会丧失拿到更好订单的机会，看到其他队伍拿到价格高的订单时，很多队伍不知所措。其实不然，因为在竞单的规则中，产品的总价可由各个队伍在产品直接成本的1~3倍区间直接自己填写。因此即使已经在选单市场选了订单，只要竞单市场价格足够高，即使选单市场的订单违约，也是有利、合算的。

例如，在选单市场接了一个4个P2、产品总价为275W的订单，如果违约需要交纳总价的20%，也就是55W的违约金，再加上竞单时产生的10W广告费，即不交这个单，而用竞单市场竞到的单去交，会直接影响企业的总收入是275+55+10=340W。如果在竞单市场可以用340W以上的价格拿到4个P2的订单就是合算的，因为1个P2最高可以卖到90W，4个是360W，这之间还有利润空间。

14. 手工线的维护费用和折旧

折旧是逐年计提的，当净值等于残值时，就不需要继续计提折旧，且生产线可以继续使用，卖掉生产线，不论使用几年，收回的仅仅是残值。生产线维护费是根据生产线使用情况收取的，只要生产线建成，无论是否生产都需要支付，且在年底收取。

比赛中，建成的自动线和柔性线一般是不需要更换的，但是有些队伍是以手工线开局的，到了后期手工线会制约产能，同时，手工线不计分值，对最后总分有影响，是需要更换的，那哪年换线比较合适呢？下面只是考虑生产线本身情况，不考虑其他因素来分析换手工线的最佳时间。

例如，第1年第3季度投资建成1条手工线，当年交维护费5W，净值为35W，这条线在第2、3、4年分别计提折旧10W，那么到第5年年底，净值为5W。因此，如果第5年不卖，年末需要支付5W的维护费；如果卖掉换线，可以收回5W的残值现金，没有损失。这样一来，出售生产线比不出售可以多出10W的现金，变相地节约了开支。同时，第5年投资的自动线或柔性线在第6年建成，是不需要计提折旧的。

15. 商业情报收集

在比赛经营的过程中，除了要规划好企业自身的运作外，必须密切关注竞争对手的动态和信息。知己知彼，才能百战不殆。要极其重视竞争对手的情报收集，综合考虑各个方面的有用信息，才能做出切合自身的战略和对策，切不可闭门造车，偏安一隅。

那么在短暂的“巡盘”时间里，我们应该关注竞争对手的哪些信息呢？首先是产品研发，能和自己企业成为真正竞争对手的，一定是做相同产品的企业，把这样的企业作为自己的重点关注对象。其次是看生产线和原材料采购。通过分析生产线情况，可以推测出竞争对手的最大产能及可能进行的转产计划；通过原材料采购，推测出竞争对手在年初的第1、2季生产的产品品种和数量，只有这样才能在广告投放的博弈中，占得先机。最后，密切关注竞争对手的库存现金和权益，分析竞争对手可能采取的选单策略及发展动态，密切监控竞争对手的现金流。另外，在有竞单的年份，分析竞争对手的产品库存信息、年初第1和2季度可能产出的产品数量以及竞争对手在选单市场的选单情况也是很重要的，不仅要记录他们销售的产品数量，还要对其交货期和账期进行关注和记录，这样就可以分析出他们在竞单市场的拿单能力，为自身制定竞单策略提供依据。

项目 8
企业经营解密

任务 1 企业经营本质分析

【实训目的】

明确企业经营的本质和目的

熟悉衡量企业经营好坏的主要指标

提高对企业营运质量和盈利情况的分析能力

企业利用一定的经济资源，通过向社会提供产品和服务，获取利润。企业经营是指以企业为载体，经营者为了获得最大的物质利益而运用经济权力，用最少的物质消耗创造出尽可能多的能够满足人们各种需要的产品的经济活动。企业经营本质如图 8-1 所示。

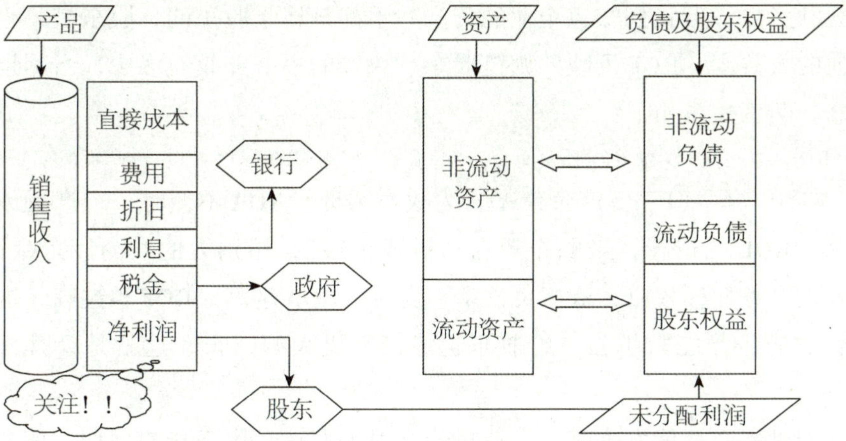

图 8-1 企业经营本质

企业是自主经营、自负盈亏、独立核算的经济主体。这要求企业必须建立一套适应市场需要的运营机制，能及时了解有关信息，适时调整产品结构，不断满足市场需要，增强自身竞争能力。

企业经营的目的是股东权益最大化，在 ERP 沙盘模拟企业经营课程中，权益增加的主要来源就是净利润，净利润的多少，不仅和销售收入有关，也和为实现产品的生产、销售等一系列活动所产生的费用有关，两者的差就是净利润。销售收入多，费用小，净利润才能多。销售收入与市场大小、产品品种、产品产能等息息相关，费用又与产品成本、资产运用、生产设备的折旧、融资方式等有很大的联系。在模拟企业经营过程中，需要将以上涉及的资源最优化，综合运用资源，使其达到效益最优成为企业的目标。那么，如何衡量企业经营的好坏呢？在这里，我们评价企业生产经营状况主要通过两个指标来实现：总资产收益率（ROA）和净资产收益率（ROE）。企业经营绩效评估指标如图8-2所示。

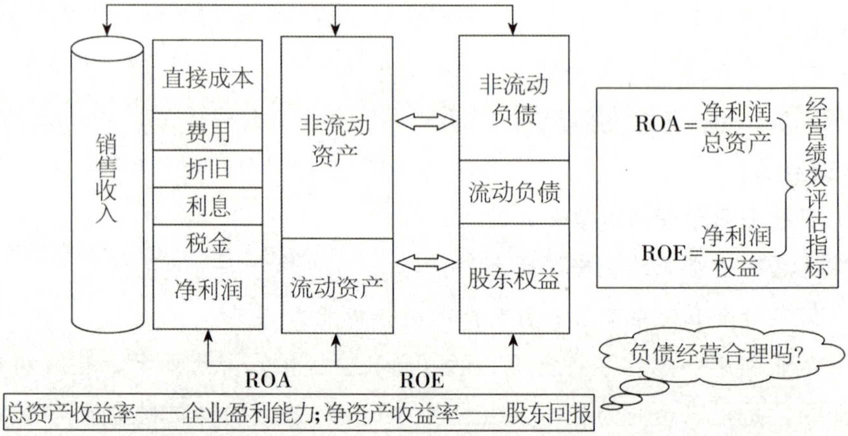

图8-2 企业经营绩效评估指标——ROA、ROE

ROA越高反映的是企业的盈利能力越强，相当于企业中一块钱的资产能获利多少。但我们知道企业的资产并不都是属于股东的，股东最关心的是他的收益率，ROE反映的则是股东一块钱的投资能收益多少，当然越高越好。两者关系如下：

ROE=净利润÷权益=净利润÷总资产×总资产÷权益=ROA×1÷（1－资产负债率）

其中，1÷（1－资产负债率）为权益乘数。ROA不变时，资产负债率越高，ROE就越高，表明企业在“借钱生钱”，用别人的钱为股东赚钱，这就是财务杠杆效应；资产负债率不变时，ROA越高，ROE也越高，这表明企业的经营能力越强，给股东越能带来更大的回报，这就是经营杠杆效应。

如果资产负债率过高，企业风险会很大。一旦出现贷款到期，现金流短缺，企业将面临严重的风险。在这里，我们将3家企业进行了比较，3家企业资产均为100W，盈利能力比较见表8-1。

表8-1 盈利能力比较

企业	总资产(W)	负债(W)	权益(W)	净利(W)	ROA(%)	ROE(%)
A	100	0	100	15	15	15
B	100	50	50	15	15	30
C	100	90	10	4	4	40

A、B企业净利相同，但由于B企业运用了财务杠杆，提高了净资产收益率；而C企业虽然净利最小，只有4W，但由于其高负债率，净资产收益率反而最高，达40%，当然C企业也蕴含了巨大的风险，面临巨大的还贷压力，一旦现金断流，即意味着破产。

任务2　企业运营关键点确定

【实训目的】

熟悉企业运营关键点

明确企业运营中的关键问题

提高解决企业运营关键点存在问题的能力

ERP沙盘模拟企业经营课程中的企业是典型的制造型企业，采购、生产与销售构成了企业的基本业务流程，整个流程中，有几个关键的问题需要明确：

1.如何确定产能

产能指生产能力，也就是指在计划期内，企业参与生产的全部固定资产，在既定的组织技术条件下，所能生产的产品数量，或者能够处理的原材料数量。生产能力是反映企业所拥有的加工能力的一个技术参数，也可以反映企业的生产规模。每位生产总监必须用十分的精力去关心生产能力，因为他必须保证，随时知道企业的生产能力能否与市场需求相适应。当需求旺盛时，他需要考虑如何增加生产能力，以满足需求的增长；当需求不足时，他需要考虑如何缩小规模，避免生产能力过剩，尽可能减少损失。

企业在年度计划中规定本年度要达到的实际生产能力称为计划能力。

计划能力包括两大部分：首先是企业已有的生产能力，是近期内的查定能力；其次是企业在本年度内新形成的能力。后者可以是以前的基建或技改项目在本年度形成的能力，也可以是企业通过管理手段而增加的能力。

计划能力的大小基本上决定了企业的当期生产规模，生产计划量应该与计划能力相匹配。企业在编制计划时要考虑市场需求量，生产能力与需求不大可能完全一致，利用需求的不确定性，在一定范围内可以对生产能力做短期调整，以满足市场需求。

在ERP沙盘模拟企业经营课程中，结合本企业的生产线及库存情况，我们应该计算出产品的可承诺量即产能。产能的计算是选单及竞单的基础，牢记企业的产能，才会保证不出现多选产品、选错产品的失误。同时把产品全部卖掉，实现零库存。应该注意的是可承诺量并不是一个定数，而是一个约数，因为我们可以通过转产、紧急采购、租赁生产线来增加产能。

2. 如何读懂市场预测

市场预测就是运用科学的方法，对影响市场供求变化的诸因素进行调查研究，分析和预见其发展趋势，掌握市场供求变化的规律，为经营决策提供可靠的依据。预测为决策服务，是为了提高管理的科学水平，减少决策的盲目性，我们需要通过预测来把握经济发展或者未来市场变化的有关动态，减少未来的不确定性，降低决策可能遇到的风险，使决策目标得以顺利实现。

市场是企业经营的最大的变数，也是企业利润的最终源泉，解读产品的需求量和价格变化走势，对企业的重要性不言而喻。读懂了市场预测，仅仅结合产能，不足以制定广告策略，还要对竞争对手有正确的评估，企业竞争的实质就是"博弈"，知己知彼，才能百战不殆。很多时候价格高、需求量大的产品，往往导致企业全部扎进去，形成恶性竞争。

制定好了广告策略，再对产品的销售额、销售量、毛利有一个明确的概念，才能投出合理、正确的广告。

3. 如何确定生产计划和原材料采购计划

在物料需求管理当中，原材料、在制品、产成品是组成物料清单（BOM）的最基本元素，它们是计划的对象，也是库存和计算制造成本的对象。为了实现产品利润最大化，企业的供产销部门需要在订购、生产、销售的各个环节进行统筹安排，所有的物料需求均应列入计划，以便控制库存、控制成本，如图8-3所示。

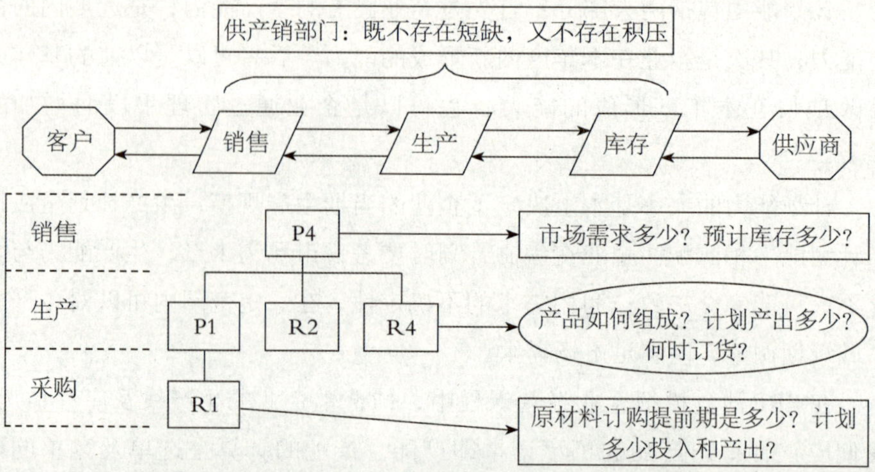

图8-3 物料需求管理

① 生产计划是关于企业生产运作系统总体方面的计划，是企业在计划期应达到的产品品种、质量、产量、产值等生产任务和对产品生产进度的安排。

② 采购计划是根据生产部门或其他使用部门的计划制定的包括采购物料、采购数量、需求日期等内容的计划表格（采购登记表）。

在ERP沙盘模拟企业经营课程中，当企业获取订单后，就可以编制生产计划和原材料采购计划。两者可以同时编制，以生产P3为例，其物料清单为R1+R3+R4，其中R1订购提前期为1季，R3、R4为2季。

若柔性线第2年4个季度均生产P3，则第1季度的P3原材料R1需要在第1年第4季度订购，原材料R3、R4需要在第1年第3季度订购。以此类推，可以根据生产线类型及所生产产品类型计算出何时订购原材料、订购多少并编制出生产计划与原材料采购计划，见表8-2。在实际的操作时，还要考虑原材料库存、转产、停产等因素。

表8-2 柔性线生产计划与原材料采购计划

状态	时间（季度）					
	第1年第3季度	第1年第4季度	第2年第1季度	第2年第2季度	第2年第3季度	第2年第4季度
产品下线与原材料采购计划			◆	◆	◆	◆
原材料订购	R3、R4	R1，R3，R4	R1，R3，R4	R1，R3，R4	R1	

4.产品定位

在实际经营中，很多同学将经营不善归结为销售订单少、广告费用高、贷款能力不够等因素，但这些都是表面现象。“产品定位”极易被忽视，很多学生在经营过程中，业绩已经不佳，但仍然按照原来思路进行，该进入的市场不知道及时进入，该放弃的“鸡肋”产品依然舍不得放弃，甚至结束时，对企业为什么不盈利仍然未明白。

沙盘的精髓在于深刻体验并理解企业运营中“产、供、销”之间的逻辑关系，从而引申到对计划、决策、战略、流程和团队合作等方面知识的认识，若不能透彻“剖析”各产品的定位，度量每个产品对企业的“贡献”并随时修正经营战略，无疑将让企业经营陷入混乱懵懂之境地。

采用“波士顿矩阵”分析是一种进行“产品定位”的不错方法。“波士顿矩阵”分析如图8-4所示。

该方法认为一般决定产品结构的基本因素有两个，即市场引力与企业实力。

市场引力包括销售增长率、目标市场容量、竞争对手强弱及利润高低等，其中最主要的是反映市场引力的综合指标——销售增长率（即需求增长率），这是决定企业产品结构是否合理的外在因素。

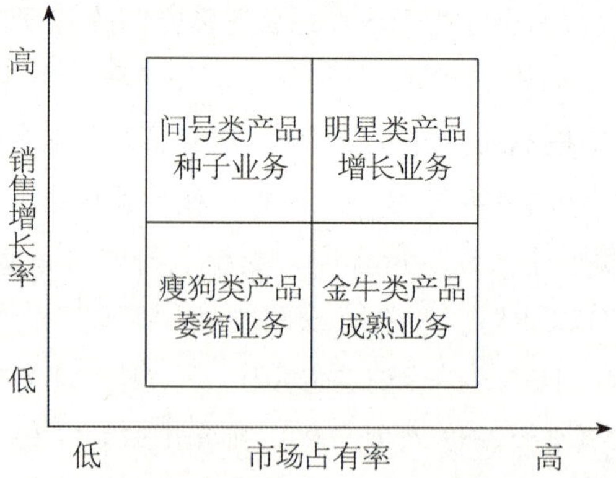

图8-4 “波士顿矩阵”分析

企业实力包括市场占有率、技术、设备、资金利用能力等，其中市场占有率是决定企业产品结构的内在要素，直接显示出企业竞争实力。销售增长率与市场占有率既相互影响，又互为条件：市场引力大，市场占有率高，可以显示产品发展的良好前景，企业也具备相应的适应能力，实力较强；如果仅市场引力大，而没有相应的高市场占有率，则说明企业尚无足够实力，则该种产品也无法顺利发展；如果企业实力强，而市场引力小，则预示该产品的市场前景不佳。

通过以上两个因素相互作用，会出现4种不同性质的产品类型，形成不同的产品发展前景：

① 销售增长率和市场占有率“双高”的产品（明星类产品）；

② 销售增长率和市场占有率“双低”的产品（瘦狗类产品）；

③ 销售增长率高、市场占有率低的产品（问号类产品）；

④ 销售增长率低、市场占有率高的产品（金牛类产品）。

在ERP沙盘模拟企业经营课程中，“波士顿矩阵”分析法通过销售增长率和市场占有率两个指标，将P系列产品业务定义为4种类型：明星业务、金牛业务、问号业务和瘦狗业务。

（1）明星业务

这个领域中的产品是指处于高销售增长率、高市场占有率的产品，该类业务将成为市场竞争中的领导者。若企业经营时，抓住明星业务，保持与此类业务市场的同步增长，必能击退对手，获取胜利。面对明星业务，采用的发展战略是：积极扩大经济规模和市场机会，以长远利益为目标，提高市场占有率，加强竞争地位。

（2）金牛业务

金牛业务是指处于低销售增长率、高市场占有率的产品业务，已进入成熟期。其财务特点是销售量大，产品利润率高，可以为企业提供资金，而且由于销售增长率低，也无须增大投资，因而成为企业回收资金、支持其他产品投资，尤其是明星类产品投资的后盾。由于市场已经成熟，企业不必大量投资来扩展市场规模，同时作为市场中的领导者，该业务享有规模经济和高边际利润的优势，因而给企业带来大量财源。企业往往用金牛业务提供的资金来支付账款并支持其他业务需要的资金。低端产品P2业务属于这种情况。

（3）问号业务

问号业务是指高销售增长率、低市场占有率的产品业务。问号业务一般都有较大的风险。一个企业若想获得这样的业务，就需要建厂房、增加设备，投入大量的资金，抢占迅速发展的市场，并超过竞争对手。问号业务就像种子一样，只有那些符合企业长远发展目标、具有资源优势的企业才能把其培育成参天大树。在ERP沙盘模拟企业经营中，高端产品P4、P5业务基本上属于这个情况，此时面临的问题是是否有足够的资金进行产品研发和生产线建设。

（4）瘦狗业务

瘦狗业务既不能产生大量的资金，也不需要投入太多资金，其利润没有大的增长空间。通常这类业务是微利或者亏损的（例如，经营后期，用租赁线生产P1）。很多企业在经营过程中，没有采取收缩战略，转移到更有利的其他业务，只是依靠现有的瘦狗业务勉强生存。正确的做法是，及时转移，瘦狗业务绝对不作为主打业务。当然，在经营后期，为了柔性线生产的灵活性或者避免生产线闲置，也可考虑搭配些瘦狗类产品，比如P1产品。

任务3　资金管理——现金为王

【实训目的】

明确企业运营中资金管理的重要性

熟悉资金预算和有效使用知识

通过资金预算，合理使用现金，提高控制现金风险能力

在ERP沙盘模拟企业经营中经常看到的现象有：看到现金不少，心中比较放心；还有不少现金，可是破产了；能借钱的时候多借点，以免第2年借不到等。这些都说明你对资金管理还不太理解。下面从资金管理的角度进行分析。

不少同学认为“库存现金越多越好”，这个观点正确吗？错！在企业经营中，如果营运资金够用，则库存现金越少越好。因为库存现金得不到充分利用是要付出代价的。资金从哪里来，有两种方法：一是银行贷款，这是要付利息的，短期借款利率最低，也要5%；二是股东投资，股东是要经营者拿钱去赚钱的，放在企业里闲置不用是浪费。

库存现金不少，却破产了，很多同学会很纳闷。破产有两种原因：一

是资金断流；二是权益为负。从短期看，两者是矛盾的，有库存现金只能表示资金充足。若没有很好地把钱利用起来，资金越多，放在家里需要付出的资金成本——财务费用就越高，将直接导致本年权益下降，直至权益为负，最终破产。从长期看，两者又是统一的，权益高了，就可以从银行借更多的钱。企业经营，在这两者间会相当纠结，要想发展，做大做强，必须得借钱、投资；若借太多的钱，则会增加财务费用，给企业带来负担，如果经营不善，反而会使权益下降。

在权益较大的时候多借些，以免来年权益下降了借不到，这个观点正确吗？错！如果那样的话，企业将会背负着很沉重的财务负担。企业只有真正把所借的钱，用在该用的地方，创造出价值来，让其物有所值，才是我们所希望看到的，也是资金管理在企业经营中要达到的目标。资金管理示意图如图8-5所示。

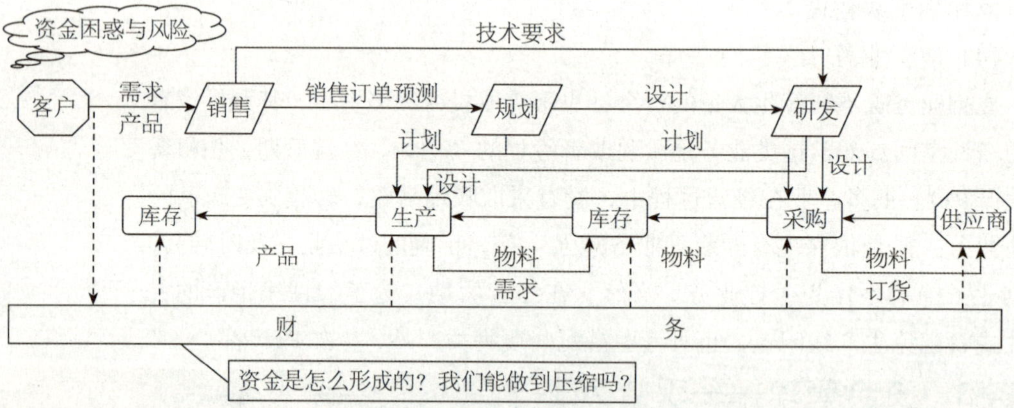

图8-5 资金管理示意图

“现金为王”一直以来都被视为企业资金管理的中心理念。企业现金流量管理水平往往是决定企业存亡的关键所在。现金流（cash flow）是指一段时间内企业现金流入和流出的数量。企业在销售产品、提供劳务，或是出售固定资产、向银行借款的时候都会取得现金，形成现金的流入。而企业为了生存、发展、扩大需要购买原材料、支付工资、构建固定资产、偿还债务等，这些活动都会导致企业现金的流出。如果企业手头上没有足够的现金流来面对这些业务的支出，其结果是可想而知的。从企业整体发展来看，现金流比利润更为重要，贯穿于企业的每个环节。企业持续发展经营，靠的不是高利润而是良好、充足的现金流。市场竞争日益激烈，企业面临的生存环境复杂多变，通过提升企业现金流的管理水平，才可以合理地控制运营风险，提升企业整体资金的利用效率，从而不断加快企业自身的发展。

资金是企业日常经营的“血液”，断流一天都不可。我们将可能涉及资金流入流出的业务汇总后，不难发现其基本上涵盖了所有的业务，如果将来年可能的发生额填入表中，就形成了资金预算表，见表8-3。如果出现断流，必须及时调整策略，看看哪里有资金流入，及时给予补充。

表8-3　　资金预算表

项目	第1季度	第2季度	第3季度	第4季度
期初库存现金余额				
申请新的长期借款				
支付长期借款利息				
支付到期的长期借款				
支付广告费				
支付所得税				
支付短期借款利息				
支付到期的短期借款				
经营前库存现金				
贴现款、贴现利息				
申请新的短期借款				
更新原材料库（支付原材料费用）				
加工费				
厂房购置或租金				
投资生产线				
变卖生产线收入				
生产线转产费				
更新应收账款（收到应收账款）				
支付产品研发费				
支付管理费用				
支付ISO认证投资				
支付市场开拓费用				
支付设备维护费				
支付违约金				
期末库存现金余额				

通过表8-3，我们发现，资金流入项目实在太有限了，其中对权益确定有增长的仅有"收到应收账款"一项，而其他流入项目都对权益有"负面"影响（当所出售的生产线净值小于等于残值时除外）。比如长短期借款、贴现，会增加企业财务费用；出售生产线（当生产线净值大于残值时），导致企业产生损失；虽然出售厂房不影响权益，但是厂房出售后得到的是4期的应收账款，得到现金需要一年的时间，如果贴现，则要支付贴现利息。

至此，我们可以明白资金预算的意义了：首先需要保证企业正常运作，不发生资金断流，否则就会破产出局；其次，合理安排资金，降低资金成本，使股东权益最大化。

通过分析，资金管理对企业经营的重要性不言而喻，实行资金计划管理，对各项资金都要按照企业的经营决策来进行有效利用。资金预算、销售计划、生产计划和原材料采购计划的综合使用，既可保证各计划正常执行，又可防止出现不必要的浪费，如库存积压、生产线停产、盲目超前投资等。同时，如果市场形势、竞争格局发生改变，资金预算必须进行动态调整，适应要求。可以讲，资金的合理安排为其他部门的正常运转提供了强有力的保障。

任务4 用数字说话——不赚钱原因分析

【实训目的】

明确导致企业成本升高的主要原因

熟悉成本分析和量本利分析知识

具备成本分析和量本利分析技能，提高企业盈利分析能力

在ERP沙盘模拟企业经营过程中，很多企业红红火火地忙碌了好半天，销售收入也很高，但就是利润很少，干得挺辛苦，就是不赚钱。为什么呢？我们从以下3个方面来分析说明：

1.成本分析——钱花哪去了

销售收入很多，但利润低，原因出在哪呢？我们前边讲过，企业的利润增长主要与销售收入和费用有关，要想获得高利润，必须"开源节流"。CEO和企业的其他管理人员通过综合费用表与利润表的仔细研究也分析发现，为了卖出产品，企业发生了很多现金支出，这些支出包括损失、厂房租金、生产线维护费、产品研发费、财务费用等，是它们耗用了企业的大量现金，导致企业利润低。进一步分析得出，这些费用主要是由以下情况形成的：

① 选单发生了重大失误或者生产和销售没有衔接好，用紧急采购弥

补，出现损失，导致直接成本高。

② 盲目扩大生产线，不停地贴现，才能不发生资金断流，财务费用高，主要原因是对资金的把控能力不足。

③ 投入广告费高，拿到的订单总销量偏低，使得单位订单利润低，原因是对市场研究不透彻，市场总监出现失误。

知道钱花哪了，查明了企业成本升高的原因，控制了企业大量不必要的浪费，接下来就要看看哪个产品最赚钱。

2. 产品贡献度——产什么合算

我们将每种产品涉及的管理费用等项目归类统计，并计算出每种产品各项目的分摊比例，进行每种产品各项目贡献度分析，如图8-6所示。

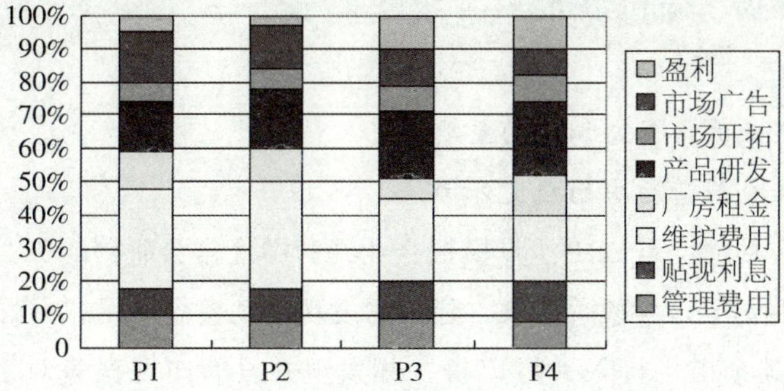

图 8-6 每种产品各项目贡献度分析

通过对每种产品各项目贡献度分析，我们找到了最合算的产品。同时，对没有赚钱的产品，再进行有针对性的分析：为什么这种产品市场价格高反而没有利润呢？只有这样，我们才能真正了解市场，抓住商机。

例如，通过市场预测分析得出单位P3净利润最高，那我们去做P3就一定能赚钱吗？不一定，因为所有的企业都可以看到P3的净利润高，大家都去做的话，必然导致P3竞争激烈，为了拿到订单，无形之中推高市场的广告费，分摊到每种产品上的成本就高，最后反而不如其他净利润低的产品赚得多。另外如何建造生产线、建造什么样的生产线、原材料更新多少等都是控制成本中需要考虑的问题。

3. 量本利分析——产多少才赚钱

销售额与销售数量成正比。总成本分为固定成本和变动成本两部分。固定成本和销售数量无关，如折旧、贷款利息等。变动成本与销售数量有关，如原材料费、加工费等。成本过高或产量不足都会影响利润。盈亏平衡分析如图8-7所示。

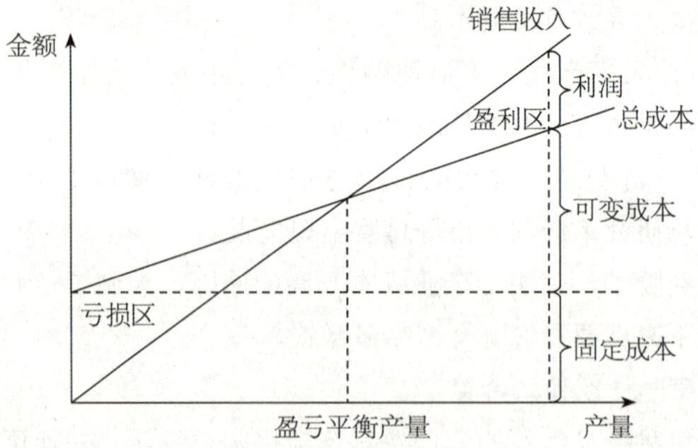

图8-7 盈亏平衡分析

任务5 谋定而后动——战略制定

【实训目的】

明确企业战略动态调整的重要性

提高在企业营运中的应变能力

以下几种情况是ERP沙盘模拟企业经营中经常会碰到的：

① 盲目建设了4条柔性线，建成后发现流动资金不足，只好停产。

② 在某个市场投入大量广告，却发现并没有出现竞争对手，造成了浪费。

③ 一开始就研发了某产品并进行了认证，却始终没有生产该产品。

④ 不知道生产什么，采购了一大堆原材料。

⑤ 产能没有计算，却在市场上拿了很多订单……

在实训中，很多企业在经营时，一直是糊里糊涂的，这是典型的没有战略的表现。战略，用迈克尔·波特的话说，就是企业各项运作活动之间建立的一种配称。企业所拥有的资源是有限的，如何分配这些资源，使企业价值最大化，这就是配称。目标和资源之间必须是匹配的，不然目标再远大，实现不了，只能沦为空想。

ERP沙盘模拟企业经营必须在经营之初就做如下几个战略问题的思考：

① 企业的经营目标核心是盈利目标，还包括市场占有率、无形资产占用等目标。

② 开拓什么市场？何时开拓？

③ 研发什么产品？何时研发？

④ 投资什么ISO认证？何时投资？

⑤ 建设什么生产线？何时建设？

⑥ 什么时候贷款？长短期借款如何结合？何时进行贴现？

……

ERP沙盘模拟企业经营中为了实现战略目标，最有效的工具是做长期资金规划。预先将企业下一年的资金预算做出，形成资金的使用规划，同时将下一年的预测财务报表、生产计划、采购计划一并完成，就形成了一整套可行的战略规划。在执行的过程中，战略规划要不停地做出动态调整。

需要重视的是：①执行战略过程是一个动态的过程，竞争对手的动作是不可预知的，任何战略都要在分析竞争对手数据和市场的情况下，做出重新评估。②前3年是经营关键，此时企业资源较少，战略执行必须步步为营，用好每一分钱。

任务6 财务分析

【实训目的】

熟悉主要财务分析指标及其内涵

提高企业财务指标的分析能力

财务分析的本质是收集与决策有关的各种财务信息，并加以分析和解释的一种技术，旨在评估企业现在或过去的财务状况及经营成果，主要目的在于对企业未来的状况及经营业绩进行最佳预测。

财务分析的方法与分析工具众多，最经常用到的是围绕财务分析指标进行单指标、多指标综合分析，再加上借用一些参照值（如预算、目标等），运用一些分析方法（比率、趋势、结构、因素等分析方法）进行分析，然后通过直观、人性化的格式（报表、图文报告等）展现给用户。

财务分析指标是指总结和评价企业财务状况与经营成果的分析指标，包括偿债能力指标、营运能力指标、盈利能力指标和发展能力指标等。

1.偿债能力分析

偿债能力是指企业偿还到期债务（包括本息）的能力。偿债能力分析包括短期偿债能力分析和长期偿债能力分析。

1.1 短期偿债能力分析

短期偿债能力是指企业流动资产对流动负债及时足额偿还的保证程度，是衡量企业当前财务能力，特别是流动资产变现能力的重要标志。企业短期偿债能力分析主要采用比率分析法，衡量指标主要有流动比率、速动比率和现金流动负债比率。

（1）流动比率

流动比率是流动资产与流动负债的比率，表示企业每元流动负债有多少流动资产作为偿还的保证，反映了企业的流动资产偿还流动负债的能力。其计算公式为：

流动比率=（流动资产÷流动负债）×100%

一般情况下，流动比率越高，反映企业短期偿债能力越强，因为该比率越高，不仅反映企业拥有较多的营运资金抵偿短期债务，而且表明企业可以变现的资产数额较大，债权人的风险越小。但是，过高的流动比率并不都是好现象。

从理论上讲，流动比率维持在200%是比较合理的。但是，由于行业性质不同，流动比率的实际标准也不同。所以，在分析流动比率时，应将其与同行业平均流动比率、本企业历史流动比率进行比较，才能得出合理的结论。

（2）速动比率

速动比率，又称酸性测试比率，是企业速动资产与流动负债的比率。其计算公式为：

速动比率=（速动资产÷流动负债）×100%

其中：速动资产=流动资产-存货

或：速动资产=流动资产-存货-预付账款

计算速动比率时，流动资产中扣除存货，是因为存货在流动资产中变现速度较慢，有些存货可能滞销，无法变现。至于预付账款等基本不具有变现能力，只是减少企业未来的现金流出量，所以理论上也应加以剔除，但实务中，由于它们在流动资产中所占的比重较小，计算速动资产时也可以不扣除。

传统经验认为，速动比率维持在100%较为正常，它表明企业的每1元流动负债就有1元易于变现的流动资产来抵偿，短期偿债能力有可靠的保证。

速动比率过低，企业的短期偿债风险较大，速动比率过高，企业在速动资产上占用资金过多，会增加企业投资的机会成本，但以上评判标准并不是绝对的。

（3）现金流动负债比率

现金流动负债比率是企业一定时期的经营现金净流量与流动负债的比率，可以从现金流量角度来反映企业当期偿付流动负债的能力。其计算公式为：

现金流动负债比率=期间经营现金净流量÷期末流动负债

上式中的“期间经营现金净流量”指一定时期内，由企业经营活动所产生的现金及现金等价物的流入量与流出量的差额。

该指标是从现金流入和流出的动态角度对企业实际偿债能力进行考查。用该指标评价企业偿债能力更为谨慎。该指标较大，表明企业经营活动产生的现金净流量较多，能够保障企业按时偿还到期债务，但不是越大越好，太大则表示企业流动资金利用不充分，收益能力不强。

1.2　长期偿债能力分析

长期偿债能力是指企业偿还非流动负债的能力。它的大小是反映企业财务状况稳定与否及安全程度高低的重要标志。其分析指标主要有3个。

（1）资产负债率

资产负债率又称负债比率，是企业的负债总额与资产总额的比率。它表示企业资产总额中，债权人提供资金所占的比重，以及企业资产对债权人权益的保障程度。其计算公式为：

资产负债率=（负债总额÷资产总额）×100%

资产负债率高低对企业的债权人和所有者具有不同的意义。

债权人希望负债比率越低越好，此时，其债权的保障程度就越高。

对所有者而言，最关心的是投入资本的收益率。只要企业的总资产收益率高于借款的利息率，举债越多，即负债比率越大，所有者的投资收益越大。

一般情况下，企业负债经营规模应控制在一个合理的水平，负债所占的比重应掌握在一定的标准内。

（2）产权比率

产权比率是指负债总额与所有者权益总额的比率，是企业财务结构稳健与否的重要标志，也称资本负债率。其计算公式为：

产权比率=（负债总额÷所有者权益总额）×100%

该比率反映了所有者权益对债权人权益的保障程度，即在企业清算时对债权人权益的保障程度。该指标越低，表明企业的长期偿债能力越强，对债权人权益的保障程度越高，承担的风险越小，但企业不能充分地发挥负债的财务杠杆效应。

（3）负债与有形净资产比率

负债与有形净资产比率是负债总额与有形净资产的比例关系，表示企业有形净资产对债权人权益的保障程度，其计算公式为：

负债与有形净资产比率=（负债总额÷有形净资产）×100%

有形净资产=所有者权益-无形资产-递延所得税资产

企业的无形资产、递延所得税资产等一般难以作为偿债的保证，从净资产中将其剔除，可以更合理地衡量企业清算时对债权人权益的保障程度。该比率越低，表明企业长期偿债能力越强。

2.营运能力分析

营运能力是指通过计算企业资金周转的有关指标分析其资产利用的效率，是对企业管理层管理水平和资产运用能力的分析。

（1）应收账款周转率

应收账款周转率也称应收账款周转次数，是企业一定时期内产品主营业务收入净额与平均应收账款余额的比值，是反映应收账款周转速度的一项指标。其计算公式为：

应收账款周转率（次数）=主营业务收入净额÷平均应收账款余额

其中：

主营业务收入净额=主营业务收入－销售折让与折扣

平均应收账款余额=（应收账款年初数+应收账款年末数）÷2

应收账款周转天数=360÷应收账款周转率

=（平均应收账款余额×360）÷主营业务收入净额

应收账款包括应收账款净额和应收票据等全部赊销账款。应收账款净额是指扣除坏账准备后的余额，应收票据如果已向银行办理了贴现手续，则不应包括在应收账款余额内。

应收账款周转率反映了企业应收账款变现速度的快慢及管理效率的高低，应收账款周转率越高表明：收账迅速，账龄较短；资产流动性强，短期偿债能力强；可以减少收账费用和坏账损失，从而相对增加企业流动资产的投资收益。同时，借助应收账款周转天数与企业信用期限的比较，可以评价购买单位的信用程度，以及企业此前制定的信用条件是否适当。

但是，在评价一个企业应收账款周转率是否合理时，应与同行业的平均水平相比较而定。

（2）存货周转率

存货周转率也称存货周转次数，是企业一定时期内的主营业务成本与存货平均余额的比率，是反映企业的存货周转速度和销货能力的一项指标，也是衡量企业生产经营中存货营运效率的一项综合性指标。其计算公式为：

存货周转率（次数）=主营业务成本÷存货平均余额

存货平均余额=（存货年初数+存货年末数）÷2

存货周转天数=360÷存货周转率=（存货平均余额×360）÷主营业务成本

存货周转速度快慢，不仅反映出企业采购、储存、生产、销售等各环节管理工作状况的好坏，而且对企业的偿债能力及获利能力产生决定性的影响。一般来说，存货周转率越高越好，存货周转率越高，表明存货变现的速度越快，周转额越大，占用资金水平越低，积压的风险越小，企业的变现能力以及资金使用效率越好。

（3）总资产周转率

总资产周转率是企业一定时期内主营业务收入净额与资产平均总额的比率，可以用来反映企业全部资产的利用效率。其计算公式为：

总资产周转率=主营业务收入净额÷资产平均总额

资产平均总额=（期初资产总额+期末资产总额）÷2

资产平均总额应按分析期的不同分别加以确定，并应当与分子的主营业务收入净额在时间上保持一致。

总资产周转率反映了企业全部资产的使用效率。该周转率高，说明全部资产的经营效率高，取得的收入多；该周转率低，说明全部资产的经营效率低，取得的收入少，最终会影响企业的盈利能力。企业应采取各项措施来提高企业的资产使用效率，如提高销售收入或处理多余的资产。

（4）固定资产周转率

固定资产周转率是指企业一定时期内主营业务收入净额与固定资产平均净值的比率，是反映企业固定资产周转情况，从而衡量固定资产利用效率的一项指标。其计算公式为：

固定资产周转率=主营业务收入净额÷固定资产平均净值

固定资产平均净值=（期初固定资产净值+期末固定资产净值）÷2

固定资产周转率高，不仅表明企业充分利用了固定资产，也表明企业固定资产投资得当，固定资产结构合理，能够充分发挥其效率；反之，固定资产周转率低，表明固定资产利用效率不高，提供的生产成果不多，企业的营运能力欠佳。

在实际分析该指标时，应剔除某些因素的影响。一方面，固定资产的净值随着折旧计提而逐渐减少，因固定资产更新，净值会突然增加；另一方面，由于折旧方法不同，固定资产净值缺乏可比性。

3.盈利能力分析

盈利能力就是企业资金增值的能力，通常体现为企业收益数额的大小与水平的高低。可以按照会计基本要素设置销售毛利率、销售净利率、营业利润率、资产净利率、净资产收益率和资本保值增值率等指标，借以评价企业各要素的盈利能力及资本保值增值情况。

（1）销售毛利率

销售毛利率是销售毛利与销售收入净额之比。其计算公式为：

销售毛利率=销售毛利÷销售收入净额×100%

其中：销售毛利=销售收入净额－销售成本

销售毛利率反映了产品销售的初始获利能力。该指标越高，表示取得同样销售收入的销售成本越低，销售利润越高。

（2）销售净利率

销售净利率是企业的净利润与销售收入净额的比率。其计算公式为：

销售净利率=净利润÷销售收入净额×100%

销售净利率反映了产品销售获得净利润的能力。该比率越高，表示企业通过扩大销售获取净利润的能力越强。

（3）营业利润率

营业利润率是企业营业利润或利润总额与营业收入的比率。其计算公式为：

营业利润率=营业利润或利润总额÷营业收入×100%

营业利润率反映了企业通过经营活动（包括主营业务和其他业务）获取营业利润或利润总额的能力。该比率越高，表示企业通过经营活动获取营业利润或利润总额的能力越强。

根据利润表的构成，企业的利润分为营业利润、利润总额和净利润3种形式。其中，利润总额和净利润包含着非销售利润因素，所以通过销售净利率和营业利润率能够更全面地反映产品销售以及企业营业活动的获利能力，还可以发现企业财务状况的稳定性，以及企业面临的危险或可能出现的转机迹象。

（4）资产净利率

资产净利率是企业净利润与资产平均总额的比率，是反映企业资产综合利用效果的指标。其计算公式为：

资产净利率=净利润÷资产平均总额

资产平均总额为期初资产总额与期末资产总额的平均数。资产净利率越高，表明企业资产利用的效果越好，整个企业盈利能力越强，经营管理水平越高。

（5）净资产收益率

净资产收益率亦称净值报酬率或权益报酬率，是指企业一定时期内的净利润与平均净资产的比率。它可以反映投资者投入企业的自有资本获取净收益的能力，即反映投资与报酬的关系，因而是评价企业资本经营效率的核心指标。其计算公式为：

净资产收益率=净利润÷平均净资产×100%

净利润是指企业的税后利润，是未做分配的数额；平均净资产是企业期初所有者权益数与期末所有者权益数的平均数。

平均净资产=（期初所有者权益数+期末所有者权益数）÷2

净资产收益率是评价企业自有资本及其积累获取报酬水平的最具综合性与代表性的指标，反映企业资本营运的综合效益。通过对该指标的综合对比分析，可以看出企业获利能力在同行业中所处的地位，以及与同类企业的差异水平。一般认为，企业净资产收益率越高，企业自有资本获取收益的能力越强，营运效益越好，对企业投资人、债权人的保障程度越高。

（6）资本保值增值率

资本保值增值率是企业期末所有者权益总额与期初所有者权益总额的比率。资本保值增值率表示企业当年资本在其自身努力下的实际增减变动情况，是评价企业财务效益状况的辅助指标。其计算公式如下：

资本保值增值率=期末所有者权益总额÷期初所有者权益总额

该指标反映了投资者投入企业资本的保全性和增长性。该指标越高，表明企业的资本保全状况越好，所有者权益的增长越好，债权人的债务越有保障，企业发展后劲越强。一般情况下，资本保值增值率大于1，表明所有者权益增加，企业增值能力较强。但是，在实际分析时应考虑企业利润分配情况及通货膨胀因素对其的影响。

4.发展能力分析

发展能力是企业在生存的基础上，扩大规模、壮大实力的潜在能力。在分析企业发展能力时，主要考查以下指标：

（1）销售增长率

销售增长率是指企业本期销售收入净增长额同上期销售收入净额的比率。企业销售收入净额是指企业的主营业务收入净额。销售增长率表示与上期相比企业销售收入净额的增减变化情况，是评价企业成长状况和发展能力的重要指标。

（2）资本积累率

资本积累率是指企业本期所有者权益增长额同期初所有者权益额的比率。它可以表示企业当期资本的积累能力，是评价企业发展潜力的重要指标。

（3）总资产增长率

总资产增长率是企业本期总资产增长额同期初资产总额的比率。它用来衡量企业本期资产规模的增长情况和评价企业经营规模总量上的扩张程度。

（4）固定资产成新率

固定资产成新率是企业当期平均固定资产净值同平均固定资产原值的比率。

（5）3年利润平均增长率

3年利润平均增长率表明企业利润连续3年的增长情况，体现企业的发展潜力。

（6）3年资本平均增长率

3年资本平均增长率表示企业资本连续3年的增长情况。

需要强调的是，上述4类指标不是相互独立的，它们相辅相成，有一定的内在联系。企业周转能力好，获利能力就较强，那么企业的偿债能力和发展能力则会提高；反之亦然。

5.经营能力分析

经营能力包括收益力、成长力、安定力、活动力和生产力。“五力”指标见表8-4。

表8-4 “五力”指标

收益力	销售毛利率	(销售收入净额－销售成本)÷销售收入净额×100%
	销售净利率	净利润÷销售收入净额×100%
	总资产收益率	净利润÷[(期初总资产＋期末总资产)÷2] ×100%
	净资产收益率	净利润÷[(期初所有者权益＋期末所有者权益)÷2]×100%
成长力	销售增长率	(本期销售收入净额－上期销售收入净额)÷上期销售收入净额×100%
	利润增长率	(本期净利润－上期净利润)÷上期净利润×100%
	净资产增长率	(本期期末净资产－上期期末净资产)÷上期期末净资产×100%
安定力	流动比率	期末流动资产÷期末流动负债×100%
	速动比率	(期末流动资产－期末库存)÷期末流动负债×100%
	固定资产长期适配率	期末固定资产÷(期末非流动负债＋期末所有者权益)×100%
	资产负债率	期末负债÷期末资产×100%
活动力	应收账款周转率	当期销售收入净额÷当期平均应收账款余额×100%
	存货周转率	当期销售成本÷[(期初存货＋期末存货)÷2]×100%
	固定资产周转率	当期销售收入净额÷[(期初固定资产净值＋期末固定资产净值)÷2]×100%
	总资产周转率	当期销售收入净额÷[(期初总资产＋期末总资产)÷2]×100%
生产力	人均利润	当期利润总额÷当期平均员工总数
	人均销售收入	当期销售收入净额÷当期平均销售人员数

注：①平均总资产=（期初总资产+期末总资产）÷2

②总资产=平均流动资产+平均固定资产

③平均固定资产=（期初固定资产+期末固定资产）÷2

④平均流动资产=（期初流动资产+期末流动资产）÷2

6. 杜邦分析法——找出影响利润的因素

杜邦分析法利用几种主要的财务比率之间的关系来综合地分析企业的财务状况，这种分析方法最早由美国杜邦公司使用，故名杜邦分析法。杜邦分析法是一种用来评价公司盈利能力和股东权益回报水平、从财务角度评价企业绩效的经典方法。其基本思想是将企业净资产收益率逐级分解为多项财务比率乘积，这样有助于深入分析比较企业经营业绩。

杜邦分析法将净资产收益率分解为3部分进行分析：利润率、总资产周转率和财务杠杆。杜邦分析法如图8-8所示。

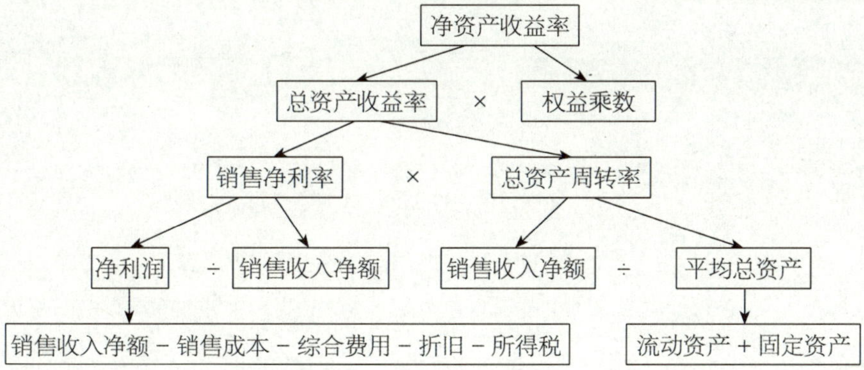

图8-8　杜邦分析法

注：①权益乘数=1÷（1－资产负债率）

②资产负债率=负债总额÷总资产

6.1　净资产收益率影响因素

杜邦分析法说明净资产收益率受3类因素影响：

① 利润率，用销售净利率衡量，表明企业的盈利能力。

② 总资产周转率，用总资产周转率衡量，表明企业的营运能力。

③ 财务杠杆，用权益乘数衡量，表明企业的偿债能力。

6.2　杜邦分析法的基本思路

① 净资产收益率是一个综合性最强的财务分析指标，是杜邦分析法的核心。

② 总资产收益率是影响权益净利率的最重要的指标，具有很强的综合性，而总资产收益率又取决于销售净利率和总资产周转率的高低。总资产周转率反映总资产的周转速度。对总资产周转率的分析，需要对影响资产周转的各因素进行分析，以判明影响公司资产周转的主要问题在哪里。销售净利率反映销售收入的收益水平。扩大销售收入、降低成本费用是提高企业销售净利率的根本途径，而扩大销售，也是提高总资产周转率的必要条件和途径。

③ 权益乘数表示企业的负债程度，反映了公司利用财务杠杆进行经营活动的程度。资产负债率高，权益乘数就大，说明公司负债程度高，公司会有较多的杠杆利益，但风险也高；反之，资产负债率低，权益乘数就小，说明公司负债程度低，公司会有较少的杠杆利益，相应所承担的风险也低。

从企业绩效评价的角度来看，杜邦分析法只包括财务方面的信息，不能全面反映企业的实力，有很大的局限性，在实际运用中需要加以注意，必须结合企业的其他信息加以分析。

项目9
实训组织与成绩评定

任务1　实训内容和实训目的

1. 实训内容

① 深刻体会ERP核心理念。感受管理信息对称状况下的企业运作，学习依靠客观数字评测与决策的意识，感悟信息化时代信息对科学决策的重要性。

② 了解企业的概貌。对资本、资产、权益、负债、费用等概念有更深刻的认识，认识到企业经营的本质是获取利润最大化，以及影响企业利润的两个因素的关系——控制成本和扩大销售收入。

③ 产品战略选择分析。通过分析市场，确定产品定位，找到产品盈亏平衡点。研究竞争对手，获取准确及时的信息，制定恰到好处的广告投放策略。

④ 生产管理。根据销售订单信息，及时、高效、合理地安排生产，确定采购计划。理解以销定产、以产定购和生产成本控制、库存控制的管理思想精髓。

⑤ 全面预算和科学统筹。制定严谨的财务预算，进行高效的融资管理，树立“预则立、不预则废”的思想。统筹安排各个岗位工作人员的岗位职能，有效监控和评估各个岗位的工作业绩，理解“岗位胜任符合度”的度量思想。

2. 实训目的

① 了解企业的组织架构。

② 掌握企业各个角色的工作任务。

③ 熟悉制造企业运行的基本流程。

④ 培养优秀的团队意识和合作精神。

⑤ 体验市场竞争的残酷性。

⑥ 激发学习专业课的兴趣，并将所学知识运用于实践。

任务2　实训要求和实训组织

1. 实训要求

① 每个学生参与整个实训过程，并承担一个具体的工作岗位。

② 每个团队要设计企业自身的制度和每个岗位的具体职责，明确实

训目的、内容和要求，确保实训效果。

③ 做好实训记录，严格按照企业制度进行考核。

④ 每个学生都要就自己的岗位撰写实训报告。

2. 实训组织

ERP 沙盘模拟企业经营是一个团队活动，需要多人通力合作才能完成。主要角色的产生与确定主要通过以下方式完成：

① 学生采取由企业 CEO 竞选成立新的企业，各个企业再由 CEO 确定其他人选的方式分组。

② 企业内部角色分工由各个团队自行协商产生。

③ CEO 负责整个团队人员的管理工作，实训考核成绩由 CEO 与指导教师共同评定。

任务3　成绩评定

1. 成绩组成

学生成绩由平时成绩和实训考查成绩两部分组成，各占 50%。平时成绩主要包括课堂考勤、实训报告撰写情况（指导教师考核）和实训时的工作态度（由 CEO 考核）。实训考查成绩是指在模拟企业竞赛后的成绩排名。

2. 分岗位评价

目前沙盘比赛都是对企业的整体经营业绩进行积分排名评价。这种评价可以展现整个小组的业绩，但小组成员如何评价，特别是与其他小组相应岗位成员如何进行比较是个难题。实训中可以发现，有些小组可能因为一两个特别上心、负责的成员，使得整个企业业绩不错，而其余成员仅仅是走过场，企业的经营根本与其没有关系。因此以企业的业绩来简单评价成员是不全面的，说服力不足。一个小组业绩不佳，不代表这个小组每个成员的能力都不强。

在 ERP 沙盘模拟企业经营中，团队合作是至关重要的，但对于每个岗位的经营得失，也需要“量化”，指出成员的经营“绩效”，并指出改进的方向。

为了更好地进行岗位评价，制定评价指标时要注意：①评价指标要按职责分类。企业是一个整体，很难做到“绝对”没有关联地“区分”每个岗位为企业所做的“贡献”。当确实无法认定责任由哪个部门负责时，需要 CEO 根据当时具体的情形，做出分析和判断。②每个部门完成自己的工作和任务后，都要保留下经营时的“数据”，以便今后能够客观、准确地评价职责完成情况。

（1）CEO 评价

① 企业的最终成绩排名是整个企业运营成果的体现，“总成绩”是评

价CEO成功与否的核心指标。

② 制定的企业战略是否符合预期目标。

③ 团队合作是否融洽，队员之间配合是否默契，职责是否明确。

④ 企业是否良好成长，资产规模的增长情况。

（2）财务总监评价

① 财务预算情况。企业的资金预测是否准确，调度是否合理。

② 财务成本控制。财务费用的大小反映了财务总监的融资水平和现金流控制意识的强弱。

③ 现金流控制和财务杠杆意识。

④ 长期借款和短期借款的合理使用。

（3）营销总监评价

① 市场定位的准确性。产品选择合理、市场宽松、所占市场份额靠前，说明定位准确。

② 成本控制。用“广告费用÷销售额”或“所接订单直接成本÷销售额”衡量，即用最少的钱，获得最大的销售。

③ 客户满意度。可以通过当年的“交单情况”来评价。

（4）生产总监评价

① 产能计算。能否在运营过程中准确计算企业产能大小；是否明确清晰了解每个季度产品的种类和产能的情况。

② 费用控制。主要体现在研发投资回报、生产线建设投资回收期、厂房租金成本、生产线转产成本等方面。

（5）采购总监评价

① 原材料订购的准确性。能否根据企业的生产计划准确无误地做出企业的采购计划。

② 原材料库存的控制。能否控制原材料库存，使其既能保证正常生产和转产等方面的需要，又不会积压。

3. 经营小组自我分析与总结

竞赛过程是热闹的，但真正的收获与提高是在竞赛后的总结和交流。只有善于思考和总结的人，才能获得最大的收获与提高。ERP沙盘模拟企业经营对抗赛带给我们的是启迪，是思考，是发现自己。只有实践才能真正检验我们学到了什么，才能真正跨越自己。

（1）编制企业分析报告

企业分析报告应体现“总结过去，面向未来”的思想，遵循“发现问题-分析问题-解决问题”的思路。企业分析报告是对自己企业的一个深刻认识，是改进运营方案的重要依据。在编制企业分析报告时，应至少包括以下几个最基本组成部分：

① 基本成果描述，包括企业的背景、现状及发展趋势。

② 对经营过程中出现的困难和不解进行总结，以便发现问题、提出问题。

③ 将各类指标分析、分解，找出原因，揭示因果关系。

④ 提出改进思路，解决问题，支持CEO做出合理决策。

（2）经营规划的再思考

很多学生在竞赛后，常发出这样的感慨："如果我当初怎么样，一定不会是这样，假如可以重新来一次……"我们不妨假设可以再给你一次机会，那你又如何实现你的雄图伟业呢？

企业经营的本质是盈利，重新设计经营规划时，一定要把重点放在盈利上，逐级展开讨论：

① 利润不足是销售不足还是成本过高？

② 如果是销售不足，分析是什么原因。这主要包括产品的利润空间、市场的饱和度、生产产能、设备利用率以及自身的管理等。

③ 如果是成本过高，要找出控制成本的有效方法。这主要包括融资的方式、财务的预算、原材料的采购安排、生产线的选择和折旧等方面。

任务4　企业经营流程表填写要求

1.企业首席执行官（CEO）

控制团队成员的每一项操作的具体执行，当团队成员完成相应的每项操作后，在对应的单元格内打钩。

2.财务总监（CFO）

凡是涉及有关库存现金收支的情况，需在对应的操作方格内填写库存现金收支的具体数字。企业进出的每一笔资金都要经过财务总监来完成填写。

3.营销总监

凡是涉及市场开拓、产品销售和广告投放的操作，财务总监在填写具体库存现金数字时，都需要经过营销总监的确认。同时，对于取得的客户订单，营销总监需要及时与生产总监沟通，确保产品按时交货。

4.生产总监

生产总监主要填写在制品和库存产品的数量。同时，对凡是涉及新产品研发、在制品生产、生产线更新及转产的操作，财务总监在填写具体库存现金数字时，需要经过生产总监的确认。

5.采购总监

采购总监主要填写原材料收支的情况，同时，对凡是涉及下原材料订单、原材料入库的操作，财务总监在填写具体库存现金数字时，需要经过采购总监的确认。

任务5 操作实录

1. 第1年操作实录

企业经营流程表

	手工操作流程	系统操作	手工记录			
年初	新年度规划会议					
	广告投放	输入广告费确认				
	支付所得税	系统自动				
	支付长期借款利息	系统自动				
	更新长期借款/长期借款还款	系统自动				
	选单/竞单/登记订单	选单				
	申请长期借款	输入贷款数额并确认				
1	季初盘点	产品下线，生产线完工（自动）				
2	更新短期借款/还本付息	系统自动				
3	申请短期借款	输入贷款数额并确认				
4	原材料入库/更新原材料	确认金额				
5	下原材料订单	输入并确认				
6	购买/租用——厂房	选择确认，自动扣库存现金				
7	更新生产/完工入库	系统自动				
8	新建/在建/转产/变卖——生产线	选择并确认				
9	紧急采购	输入并确认（随时进行）				
10	开始下一批生产	选择并确认				
11	更新应收账款/应收账款收现	系统自动				
12	按订单交货	选择交货订单确认				
13	产品研发投资	选择并确认				
14	厂房——出售（买转租）/退租/租转买	选择并确认				
15	新市场开拓/ISO 认证投资	选择并确认				
16	支付管理费/更新厂房租金	系统自动				
17	出售库存	输入并确认（随时进行）				
18	厂房贴现及利息	随时进行				
19	应收账款贴现及利息	输入并确认（随时进行）				
20	季末收入合计					
21	季末支出合计					
22	季末对账					
年末	缴纳违约订单罚款	系统自动				
	支付设备维护费	系统自动				
	计提折旧	系统自动				
	结账					

综合费用表

单位：万元

项 目	金 额	备 注
管理费		
广告费		
维护费		
损失		
转产费		
租金		
市场开拓费		
产品研发费		
ISO认证费		
信息费		
合 计		

利润表

单位：万元

项 目	本期金额	上期金额
销售收入		
直接成本		
毛利		
综合费用		
折旧前利润		
折旧		
支付利息前利润		
财务费用		
税前利润		
所得税费用		
年度净利润		

资产负债表

单位：万元

项　目	期末余额	年初余额
货币资金		
应收账款		
存货	—	—
在产品		
产成品		
原材料		
流动资产合计		
固定资产	—	—
厂房		
机器设备		
在建工程		
非流动资产合计		
资产总计		
短期借款		
应交税费	—	—
应交所得税		
流动负债合计		
长期借款		
其他非流动负债	—	—
特别贷款		
非流动负债合计		
负债合计		
实收资本（或股本）		
未分配利润	—	—
利润留存		
年度净利		
所有者权益（或股东权益）合计		
负债和所有者权益（或股东权益）总计		

资金预算表

单位：万元

项 目	第1季度	第2季度	第3季度	第4季度
期初库存现金余额				
申请新的长期借款				
支付长期借款利息				
支付到期的长期借款				
支付广告费				
支付所得税				
支付短期借款利息				
支付到期的短期借款				
经营前库存现金				
贴现款、贴现利息				
申请新的短期借款				
更新原材料库（支付原材料费用）				
加工费				
厂房购置或租金				
投资生产线				
变卖生产线收入				
生产线转产费				
更新应收账款（收到应收账款）				
支付产品研发费				
支付管理费用				
支付ISO认证投资				
支付市场开拓费用				
支付设备维护费				
支付违约金				
期末库存现金余额				

要点记录：

订单登记表

订单号										合计
市　场										
产　品										
数　量										
账　期										
销售额										
成　本										
毛　利										
未　售										

产品核算统计表

产　品						合　计
数　量						
销售额						
成　本						
毛　利						

采购登记表

	第 1 季度				第 2 季度				第 3 季度				第 4 季度			
原材料	R1	R2	R3	R4	R1	R2	R3	R4	R1	R2	R3	R4	R1	R2	R3	R4
订购数量																
采购入库																

广告投放方案

产　品	本　地	区　域	国　内	亚　洲	国　际
合　计					

2.第2年操作实录

企业经营流程表

	手工操作流程	系统操作	手工记录			
年初	新年度规划会议					
	广告投放	输入广告费确认				
	支付所得税	系统自动				
	支付长期借款利息	系统自动				
	更新长期借款/长期借款还款	系统自动				
	选单/竞单/登记订单	选单				
	申请长期借款	输入贷款数额并确认				
1	季初盘点	产品下线，生产线完工（自动）				
2	更新短期借款/还本付息	系统自动				
3	申请短期借款	输入贷款数额并确认				
4	原材料入库/更新原材料	确认金额				
5	下原材料订单	输入并确认				
6	购买/租用——厂房	选择确认，自动扣库存现金				
7	更新生产/完工入库	系统自动				
8	新建/在建/转产/变卖——生产线	选择并确认				
9	紧急采购	输入并确认（随时进行）				
10	开始下一批生产	选择并确认				
11	更新应收账款/应收账款收现	系统自动				
12	按订单交货	选择交货订单确认				
13	产品研发投资	选择并确认				
14	厂房——出售（买转租）/退租/租转买	选择并确认				
15	新市场开拓/ISO认证投资	选择并确认				
16	支付管理费/更新厂房租金	系统自动				
17	出售库存	输入并确认（随时进行）				
18	厂房贴现及利息	随时进行				
19	应收账款贴现及利息	输入并确认（随时进行）				
20	季末收入合计					
21	季末支出合计					
22	季末对账					
年末	缴纳违约订单罚款	系统自动				
	支付设备维护费	系统自动				
	计提折旧	系统自动				
	结账					

综合费用

单位：万元

项　目	金　额	备　注
管理费		
广告费		
维护费		
损失		
转产费		
租金		
市场开拓费		
产品研发费		
ISO认证费		
信息费		
合　计		

利润表

单位：万元

项　目	本期金额	上期金额
销售收入		
直接成本		
毛利		
综合费用		
折旧前利润		
折旧		
支付利息前利润		
财务费用		
税前利润		
所得税费用		
年度净利润		

资产负债表

单位：万元

项　目	期末余额	年初余额
货币资金		
应收账款		
存货	—	—
在产品		
产成品		
原材料		
流动资产合计		
固定资产	—	—
厂房		
机器设备		
在建工程		
非流动资产合计		
资产总计		
短期借款		
应交税费	—	—
应交所得税		
流动负债合计		
长期借款		
其他非流动负债	—	—
特别贷款		
非流动负债合计		
负债合计		
实收资本（或股本）		
未分配利润	—	—
利润留存		
年度净利		
所有者权益（或股东权益）合计		
负债和所有者权益（或股东权益）总计		

资金预算表

单位：万元

项　目	第1季度	第2季度	第3季度	第4季度
期初库存现金余额				
申请新的长期借款				
支付长期借款利息				
支付到期的长期借款				
支付广告费				
支付所得税				
支付短期借款利息				
支付到期的短期借款				
经营前库存现金				
贴现款、贴现利息				
申请新的短期借款				
更新原材料库（支付原材料费用）				
加工费				
厂房购置或租金				
投资生产线				
变卖生产线收入				
生产线转产费				
更新应收账款（收到应收账款）				
支付产品研发费				
支付管理费用				
支付ISO认证投资				
支付市场开拓费用				
支付设备维护费				
支付违约金				
期末库存现金余额				

要点记录：

订单登记表

订单号										合 计
市 场										
产 品										
数 量										
账 期										
销售额										
成 本										
毛 利										
未 售										

产品核算统计表

产 品						合 计
数 量						
销售额						
成 本						
毛 利						

采购登记表

	第1季度				第2季度				第3季度				第4季度			
原材料	R1	R2	R3	R4	R1	R2	R3	R4	R1	R2	R3	R4	R1	R2	R3	R4
订购数量																
采购入库																

广告投放方案

产 品	本 地	区 域	国 内	亚 洲	国 际
合 计					

3. 第 3 年操作实录

企业经营流程表

	手工操作流程	系统操作	手工记录			
年初	新年度规划会议					
	广告投放	输入广告费确认				
	支付所得税	系统自动				
	支付长期借款利息	系统自动				
	更新长期借款/长期借款还款	系统自动				
	选单/竞单/登记订单	选单				
	申请长期借款	输入贷款数额并确认				
1	季初盘点	产品下线，生产线完工（自动）				
2	更新短期借款/还本付息	系统自动				
3	申请短期借款	输入贷款数额并确认				
4	原材料入库/更新原材料	确认金额				
5	下原材料订单	输入并确认				
6	购买/租用——厂房	选择确认，自动扣库存现金				
7	更新生产/完工入库	系统自动				
8	新建/在建/转产/变卖——生产线	选择并确认				
9	紧急采购	输入并确认（随时进行）				
10	开始下一批生产	选择并确认				
11	更新应收账款/应收账款收现	系统自动				
12	按订单交货	选择交货订单确认				
13	产品研发投资	选择并确认				
14	厂房——出售（买转租）/退租/租转买	选择并确认				
15	新市场开拓/ISO 认证投资	选择并确认				
16	支付管理费/更新厂房租金	系统自动				
17	出售库存	输入并确认（随时进行）				
18	厂房贴现及利息	随时进行				
19	应收账款贴现及利息	输入并确认（随时进行）				
20	季末收入合计					
21	季末支出合计					
22	季末对账					
年末	缴纳违约订单罚款	系统自动				
	支付设备维护费	系统自动				
	计提折旧	系统自动				
	结账					

综合费用表

单位：万元

项　目	金 额	备　注
管理费		
广告费		
维护费		
损失		
转产费		
租金		
市场开拓费		
产品研发费		
ISO 认证费		
信息费		
合　计		

利润表

单位：万元

项　目	本期金额	上期金额
销售收入		
直接成本		
毛利		
综合费用		
折旧前利润		
折旧		
支付利息前利润		
财务费用		
税前利润		
所得税费用		
年度净利润		

资产负债表

单位：万元

项　目	期末余额	年初余额
货币资金		
应收账款		
存货	—	—
在产品		
产成品		
原材料		
流动资产合计		
固定资产	—	—
厂房		
机器设备		
在建工程		
非流动资产合计		
资产总计		
短期借款		
应交税费	—	—
应交所得税		
流动负债合计		
长期借款		
其他非流动负债	—	—
特别贷款		
非流动负债合计		
负债合计		
实收资本（或股本）		
未分配利润	—	—
利润留存		
年度净利		
所有者权益（或股东权益）合计		
负债和所有者权益（或股东权益）总计		

资金预算表

单位：万元

项　目	第1季度	第2季度	第3季度	第4季度
期初库存现金余额				
申请新的长期借款				
支付长期借款利息				
支付到期的长期借款				
支付广告费				
支付所得税				
支付短期借款利息				
支付到期的短期借款				
经营前库存现金				
贴现款、贴现利息				
申请新的短期借款				
更新原材料库（支付原材料费用）				
加工费				
厂房购置或租金				
投资生产线				
变卖生产线收入				
生产线转产费				
更新应收账款（收到应收账款）				
支付产品研发费				
支付管理费用				
支付ISO认证投资				
支付市场开拓费用				
支付设备维护费				
支付违约金				
期末库存现金余额				

要点记录：

订单登记表

订单号										合计
市场										
产品										
数量										
账期										
销售额										
成本										
毛利										
未售										

产品核算统计表

产品						合计
数量						
销售额						
成本						
毛利						

采购登记表

	第1季度				第2季度				第3季度				第4季度			
原材料	R1	R2	R3	R4	R1	R2	R3	R4	R1	R2	R3	R4	R1	R2	R3	R4
订购数量																
采购入库																

广告投放方案

产品	本地	区域	国内	亚洲	国际
合计					

4. 第4年操作实录

企业经营流程表

	手工操作流程	系统操作	手工记录			
年初	新年度规划会议					
	广告投放	输入广告费确认				
	支付所得税	系统自动				
	支付长期借款利息	系统自动				
	更新长期借款/长期借款还款	系统自动				
	选单/竞单/登记订单	选单				
	申请长期借款	输入贷款数额并确认				
1	季初盘点	产品下线，生产线完工（自动）				
2	更新短期借款/还本付息	系统自动				
3	申请短期借款	输入贷款数额并确认				
4	原材料入库/更新原材料	确认金额				
5	下原材料订单	输入并确认				
6	购买/租用——厂房	选择确认，自动扣库存现金				
7	更新生产/完工入库	系统自动				
8	新建/在建/转产/变卖——生产线	选择并确认				
9	紧急采购	输入并确认（随时进行）				
10	开始下一批生产	选择并确认				
11	更新应收账款/应收账款收现	系统自动				
12	按订单交货	选择交货订单确认				
13	产品研发投资	选择并确认				
14	厂房——出售（买转租）/退租/租转买	选择并确认				
15	新市场开拓/ISO认证投资	选择并确认				
16	支付管理费/更新厂房租金	系统自动				
17	出售库存	输入并确认（随时进行）				
18	厂房贴现及利息	随时进行				
19	应收账款贴现及利息	输入并确认（随时进行）				
20	季末收入合计					
21	季末支出合计					
22	季末对账					
年末	缴纳违约订单罚款	系统自动				
	支付设备维护费	系统自动				
	计提折旧	系统自动				
	结账					

综合费用表

单位：万元

项 目	金 额	备 注
管理费		
广告费		
维护费		
损失		
转产费		
租金		
市场开拓费		
产品研发费		
ISO 认证费		
信息费		
合 计		

利润表

单位：万元

项 目	本期金额	上期金额
销售收入		
直接成本		
毛利		
综合费用		
折旧前利润		
折旧		
支付利息前利润		
财务费用		
税前利润		
所得税费用		
年度净利润		

资产负债表

单位：万元

项 目	期末余额	年初余额
货币资金		
应收账款		
存货	—	—
在产品		
产成品		
原材料		
流动资产合计		
固定资产	—	—
厂房		
机器设备		
在建工程		
非流动资产合计		
资产总计		
短期借款		
应交税费	—	—
应交所得税		
流动负债合计		
长期借款		
其他非流动负债	—	—
特别贷款		
非流动负债合计		
负债合计		
实收资本（或股本）		
未分配利润	—	—
利润留存		
年度净利		
所有者权益（或股东权益）合计		
负债和所有者权益（或股东权益）总计		

资金预算表

单位：万元

项　目	第1季度	第2季度	第3季度	第4季度
期初库存现金余额				
申请新的长期借款				
支付长期借款利息				
支付到期的长期借款				
支付广告费				
支付所得税				
支付短期借款利息				
支付到期的短期借款				
经营前库存现金				
贴现款、贴现利息				
申请新的短期借款				
更新原材料库（支付原材料费用）				
加工费				
厂房购置或租金				
投资生产线				
变卖生产线收入				
生产线转产费				
更新应收账款（收到应收账款）				
支付产品研发费				
支付管理费用				
支付ISO认证投资				
支付市场开拓费用				
支付设备维护费				
支付违约金				
期末库存现金余额				

要点记录：

订单登记表

订单号										合计
市场										
产品										
数量										
账期										
销售额										
成本										
毛利										
未售										

产品核算统计表

产品						合计
数量						
销售额						
成本						
毛利						

采购登记表

	第1季度				第2季度				第3季度				第4季度			
原材料	R1	R2	R3	R4	R1	R2	R3	R4	R1	R2	R3	R4	R1	R2	R3	R4
订购数量																
采购入库																

广告投放方案

产品	本地	区域	国内	亚洲	国际
合计					

5. 第 5 年操作实录

企业经营流程表

	手工操作流程	系统操作	手工记录			
年初	新年度规划会议					
	广告投放	输入广告费确认				
	支付所得税	系统自动				
	支付长期借款利息	系统自动				
	更新长期借款/长期借款还款	系统自动				
	选单/竞单/登记订单	选单				
	申请长期借款	输入贷款数额并确认				
1	季初盘点	产品下线，生产线完工（自动）				
2	更新短期借款/还本付息	系统自动				
3	申请短期借款	输入贷款数额并确认				
4	原材料入库/更新原材料	确认金额				
5	下原材料订单	输入并确认				
6	购买/租用——厂房	选择确认，自动扣库存现金				
7	更新生产/完工入库	系统自动				
8	新建/在建/转产/变卖——生产线	选择并确认				
9	紧急采购	输入并确认（随时进行）				
10	开始下一批生产	选择并确认				
11	更新应收账款/应收账款收现	系统自动				
12	按订单交货	选择交货订单确认				
13	产品研发投资	选择并确认				
14	厂房——出售（买转租）/退租/租转买	选择并确认				
15	新市场开拓/ISO 认证投资	选择并确认				
16	支付管理费/更新厂房租金	系统自动				
17	出售库存	输入并确认（随时进行）				
18	厂房贴现及利息	随时进行				
19	应收账款贴现及利息	输入并确认（随时进行）				
20	季末收入合计					
21	季末支出合计					
22	季末对账					
年末	缴纳违约订单罚款	系统自动				
	支付设备维护费	系统自动				
	计提折旧	系统自动				
	结账					

综合费用表

单位：万元

项 目	金 额	备 注
管理费		
广告费		
维护费		
损失		
转产费		
租金		
市场开拓费		
产品研发费		
ISO 认证费		
信息费		
合 计		

利润表

单位：万元

项 目	本期金额	上期金额
销售收入		
直接成本		
毛利		
综合费用		
折旧前利润		
折旧		
支付利息前利润		
财务费用		
税前利润		
所得税费用		
年度净利润		

资产负债表

单位：万元

项　目	期末余额	年初余额
货币资金		
应收账款		
存货	—	—
在产品		
产成品		
原材料		
流动资产合计		
固定资产	—	—
厂房		
机器设备		
在建工程		
非流动资产合计		
资产总计		
短期借款		
应交税费	—	—
应交所得税		
流动负债合计		
长期借款		
其他非流动负债	—	—
特别贷款		
非流动负债合计		
负债合计		
实收资本（或股本）		
未分配利润	—	—
利润留存		
年度净利		
所有者权益（或股东权益）合计		
负债和所有者权益（或股东权益）总计		

资金预算表

单位：万元

项　目	第1季度	第2季度	第3季度	第4季度
期初库存现金余额				
申请新的长期借款				
支付长期借款利息				
支付到期的长期借款				
支付广告费				
支付所得税				
支付短期借款利息				
支付到期的短期借款				
经营前库存现金				
贴现款、贴现利息				
申请新的短期借款				
更新原材料库（支付原材料费用）				
加工费				
厂房购置或租金				
投资生产线				
变卖生产线收入				
生产线转产费				
更新应收账款（收到应收账款）				
支付产品研发费				
支付管理费用				
支付ISO认证投资				
支付市场开拓费用				
支付设备维护费				
支付违约金				
期末库存现金余额				

要点记录：

订单登记表

订单号										合计
市场										
产品										
数量										
账期										
销售额										
成本										
毛利										
未售										

产品核算统计表

产品						合计
数量						
销售额						
成本						
毛利						

采购登记表

	第1季度				第2季度				第3季度				第4季度			
原材料	R1	R2	R3	R4	R1	R2	R3	R4	R1	R2	R3	R4	R1	R2	R3	R4
订购数量																
采购入库																

广告投放方案

产品	本地	区域	国内	亚洲	国际
合计					

6.第6年操作实录

企业经营流程表

	手工操作流程	系统操作	手工记录			
年初	新年度规划会议					
	广告投放	输入广告费确认				
	支付所得税	系统自动				
	支付长期借款利息	系统自动				
	更新长期借款/长期借款还款	系统自动				
	选单/竞单/登记订单	选单				
	申请长期借款	输入贷款数额并确认				
1	季初盘点	产品下线，生产线完工（自动）				
2	更新短期借款/还本付息	系统自动				
3	申请短期借款	输入贷款数额并确认				
4	原材料入库/更新原材料	确认金额				
5	下原材料订单	输入并确认				
6	购买/租用——厂房	选择确认，自动扣库存现金				
7	更新生产/完工入库	系统自动				
8	新建/在建/转产/变卖——生产线	选择并确认				
9	紧急采购	输入并确认（随时进行）				
10	开始下一批生产	选择并确认				
11	更新应收账款/应收账款收现	系统自动				
12	按订单交货	选择交货订单确认				
13	产品研发投资	选择并确认				
14	厂房——出售（买转租）/退租/租转买	选择并确认				
15	新市场开拓/ISO 认证投资	选择并确认				
16	支付管理费/更新厂房租金	系统自动				
17	出售库存	输入并确认（随时进行）				
18	厂房贴现及利息	随时进行				
19	应收账款贴现及利息	输入并确认（随时进行）				
20	季末收入合计					
21	季末支出合计					
22	季末对账					
年末	缴纳违约订单罚款	系统自动				
	支付设备维护费	系统自动				
	计提折旧	系统自动				
	结账					

综合费用表

单位：万元

项　目	金　额	备　注
管理费		
广告费		
维护费		
损失		
转产费		
租金		
市场开拓费		
产品研发费		
ISO 认证费		
信息费		
合　计		

利润表

单位：万元

项　目	本期金额	上期金额
销售收入		
直接成本		
毛利		
综合费用		
折旧前利润		
折旧		
支付利息前利润		
财务费用		
税前利润		
所得税费用		
年度净利润		

资产负债表

单位：万元

项　目	期末余额	年初余额
货币资金		
应收账款		
存货	—	—
在产品		
产成品		
原材料		
流动资产合计		
固定资产	—	—
厂房		
机器设备		
在建工程		
非流动资产合计		
资产总计		
短期借款		
应交税费	—	—
应交所得税		
流动负债合计		
长期借款		
其他非流动负债	—	—
特别贷款		
非流动负债合计		
负债合计		
实收资本（或股本）		
未分配利润	—	—
利润留存		
年度净利		
所有者权益（或股东权益）合计		
负债和所有者权益（或股东权益）总计		

资金预算表

单位：万元

项　目	第 1 季度	第 2 季度	第 3 季度	第 4 季度
期初库存现金余额				
申请新的长期借款				
支付长期借款利息				
支付到期的长期借款				
支付广告费				
支付所得税				
支付短期借款利息				
支付到期的短期借款				
经营前库存现金				
贴现款、贴现利息				
申请新的短期借款				
更新原材料库（支付原材料费用）				
加工费				
厂房购置或租金				
投资生产线				
变卖生产线收入				
生产线转产费				
更新应收账款（收到应收账款）				
支付产品研发费				
支付管理费用				
支付 ISO 认证投资				
支付市场开拓费用				
支付设备维护费				
支付违约金				
期末库存现金余额				

要点记录：

订单登记表

订单号										合 计
市 场										
产 品										
数 量										
账 期										
销售额										
成 本										
毛 利										
未 售										

产品核算统计表

产 品						合 计
数 量						
销售额						
成 本						
毛 利						

采购登记表

	第1季度				第2季度				第3季度				第4季度			
原材料	R1	R2	R3	R4	R1	R2	R3	R4	R1	R2	R3	R4	R1	R2	R3	R4
订购数量																
采购入库																

广告投放方案

产 品	本 地	区 域	国 内	亚 洲	国 际
合 计					

附录1
实训方案

规则 1

一、生产线

名称	投资总额	每季投资额	安装周期	生产周期	总转产费用	转产周期	维护费	残值	折旧费	折旧时间	分值
超级手工线	30W	30W	0季	2季	0W	0季	5W/年	6W	6W	4年	0分
自动线	150W	50W	3季	1季	20W	1季	20W/年	30W	30W	4年	8分
柔性线	200W	50W	4季	1季	0W	0季	20W/年	40W	40W	4年	10分

安装周期为0季，表示即买即用

不论何时出售生产线，价格为残值，净值与残值之差计入损失

只有空闲的生产线方可转产

当年建成生产线需要交维护费

折旧（平均年限法）：建成当年不提折旧

二、融资

<table>
<tr><th>贷款类型</th><th>贷款时间</th><th>贷款额度</th><th>年利率</th><th>还款方式</th><th>备注</th></tr>
<tr><td>长期借款</td><td>每年年初</td><td rowspan="2">所有长短期借款之和不超过上年权益的 3 倍</td><td>10%</td><td>年初付息，到期还本</td><td rowspan="2">不小于10W的整数</td></tr>
<tr><td>短期借款</td><td>每季度初</td><td>5%</td><td>到期一次还本付息</td></tr>
<tr><td rowspan="2">资金贴现</td><td rowspan="2">任何时间</td><td rowspan="2">视应收款额</td><td>1季、2季：10%</td><td rowspan="2">变现时贴息</td><td rowspan="2">贴现各账期分开核算，分开计息</td></tr>
<tr><td>3季、4季：12.5%</td></tr>
<tr><td>库存拍卖</td><td colspan="5">100%（产品）80%（原料）</td></tr>
</table>

三、厂房

名称	购买价格	租金	出售价格	容量	分值
大厂房	400W	40W/年	400W	4条	10分
小厂房	180W	18W/年	180W	2条	7分
厂房出售得到4个账期的应收款，紧急情况下可厂房贴现，直接得到现金 厂房租入后，一年后可做租转买、退租等处理，续租系统自动处理					

四、市场开拓

名称	开发费	开发时间	分值
本地	10W/年	1年	7分
区域	10W/年	1年	7分
国内	10W/年	2年	8分
亚洲	10W/年	3年	9分
开拓费用按开发时间在年末支付，不允许加速投资，但可以中断投资 市场开拓完成后，领取相应的市场准入证			

五、ISO资格认证

名称	开发费	开发时间	分值
ISO 9000	10W/年	2年	8分
ISO 14000	20W/年	2年	10分
认证费用在年末支付，不允许加速投资，但可以中断投资 认证完成后，领取相应的资格证			

六、产品研发

名称	开发费	开发时间	加工费	直接成本	分值	产品组成
P1	10W/季	2季	10W	20W	7分	R1*1
P2	10W/季	3季	10W	30W	8分	R1*1 R2*1
P3	10W/季	4季	10W	40W	9分	R1*1 R2*1 R3*1
研发费用在季末支付，不允许加速投资，但可以中断投资						

七、原料设置

名称	购买单价	提前期
R1	10W	1季
R2	10W	1季
R3	10W	2季

八、其他说明

① 紧急采购，付款即到货，原材料价格为直接成本的2倍；成品价格为直接成本的3倍。

② 选单规则：上年本市场销售额最高（无违约）优先；其次看本市场本产品广告额；再看本市场广告总额；然后看市场销售排名；如仍无法决定，先投广告者先选单。

③ 破产标准：现金断流或权益为负。

④ 第1年无订单。

⑤ 交单可提前，不可推后，违约收回订单。

⑥ 违约金扣除——四舍五入；库存拍卖所得现金——向下取整；贴现费用——向上取整；扣税——四舍五入；长期借款、短期借款利息——四舍五入。

⑦ 库存折价拍价，生产线变卖，紧急采购，订单违约计入损失。

⑧ 排行榜记分标准：

总成绩 = 所有者权益×（1 + 企业综合发展潜力÷100）

企业综合发展潜力=市场资格分值+ISO资格分值+生产资格分值+厂房分值+各条生产线分值

生产线建成（包括转产）即加分，无须生产出产品，也无须有在制品；厂房必须为买。

九、重要参数

违约金比例	20%	贷款额倍数	3倍
产品折价率	100%	原料折价率	80%
长期借款利率	10%	短期借款利率	5%
1、2季贴现率	10%	3、4季贴现率	12.5%
初始现金	600W	管理费	10W
信息费	1W	所得税税率	25%
最大长期借款年限	5年	最小得单广告费额	10W
原料紧急采购倍数	2倍	产品紧急采购倍数	3倍
选单时间	45秒	首位选单补时	15秒
市场同开数量	2个	市场老大	有
竞单时间	90秒	竞单同竞数	3个
最大厂房数量	4个		

规则2

一、生产线

名称	投资总额	每季投资额	安装周期	生产周期	总转产费用	转产周期	维护费	残值	折旧费	折旧时间	分值
超级手工线	35W	35W	0季	2季	0W	0季	5W/年	5W	10W	3年	0分
自动线	150W	50W	3季	1季	20W	1季	20W/年	30W	30W	4年	8分
柔性线	200W	50W	4季	1季	0W	0季	20W/年	40W	40W	4年	10分

安装周期为0季，表示即买即用

不论何时出售生产线，价格为残值，净值与残值之差计入损失

只有空闲的生产线方可转产

当年建成生产线需要交维护费

折旧（平均年限法）：建成当年不提折旧

二、融资

贷款类型	贷款时间	贷款额度	年利率	还款方式	备注
长期借款	每年年初	所有长短期借款之和不超过上年权益的3倍	10%	年初付息，到期还本	不小于10W的整数
短期借款	每季度初		5%	到期一次还本付息	
资金贴现	任何时间	视应收款额	1季、2季：10% 3季、4季：12.5%	变现时贴息	贴现各账期分开核算，分开计息
库存拍卖	100%（产品）80%（原料）				

三、厂房

名称	购买价格	租金	出售价格	容量	分值
大厂房	400W	40W/年	400W	4条	10分
中厂房	300W	30W/年	300W	3条	8分
小厂房	180W	18W/年	180W	2条	7分

厂房出售得到4个账期的应收款，紧急情况下可厂房贴现，直接得到现金

厂房租入后，一年后可做租转买、退租等处理，续租系统自动处理

四、市场开拓

名称	开发费	开发时间	分值
本地	10W/年	1年	7分
区域	10W/年	1年	7分
国内	10W/年	2年	8分
亚洲	10W/年	3年	9分
开拓费用按开发时间在年末支付，不允许加速投资，但可以中断投资 市场开拓完成后，领取相应的市场准入证			

五、ISO资格认证

名称	开发费	开发时间	分值
ISO 9000	10W/年	2年	8分
ISO 14000	20W/年	2年	10分
认证费用在年末支付，不允许加速投资，但可以中断投资 认证完成后，领取相应的资格证			

六、产品研发

名称	开发费	开发时间	加工费	直接成本	分值	产品组成
P1	10W/季	2季	10W	20W	7分	R1*1
P2	10W/季	3季	10W	30W	8分	R2*1 R3*1
P3	10W/季	4季	10W	40W	9分	R1*1 R3*1 R4*1
P4	10W/季	5季	10W	50W	10分	R1*1 R3*1 R4*2
研发费用在季末支付，不允许加速投资，但可以中断投资						

七、原料设置

名称	购买单价	提前期
R1	10W	1季
R2	10W	1季
R3	10W	2季
R4	10W	2季

八、其他说明

① 紧急采购，付款即到货，原材料价格为直接成本的2倍；成品价格为直接成本的3倍。

② 选单规则：上年本市场销售额最高（无违约）优先；其次看本市场本产品广告额；再看本市场广告总额；然后看市场销售排名；如仍无法决定，先投广告者先选单。

③ 破产标准：现金断流或权益为负。

④ 第1年无订单。

⑤ 交单可提前，不可推后，违约收回订单。

⑥ 违约金扣除——四舍五入；库存拍卖所得现金——向下取整；贴现费用——向上取整；扣税——四舍五入；长期借款、短期借款利息——四舍五入。

⑦ 库存折价拍价，生产线变卖，紧急采购，订单违约计入损失。

⑧ 排行榜记分标准：

总成绩＝所有者权益×（1＋企业综合发展潜力÷100）

企业综合发展潜力=市场资格分值+ISO资格分值+生产资格分值+厂房分值+各条生产线分值

生产线建成（包括转产）即加分，无须生产出产品，也无须有在制品；厂房必须为买。

九、重要参数

违约金比例	20%	贷款额倍数	3倍
产品折价率	100%	原料折价率	80%
长期借款利率	10%	短期借款利率	5%
1、2季贴现率	10%	3、4季贴现率	12.5%
初始现金	600W	管理费	10W
信息费	1W	所得税税率	25%
最大长期借款年限	5年	最小得单广告费额	10W
原料紧急采购倍数	2倍	产品紧急采购倍数	3倍
选单时间	45秒	首位选单补时	15秒
市场同开数量	2个	市场老大	有
竞单时间	90秒	竞单同竞数	3个
最大厂房数量	4个		

规则 3

一、生产线

名称	投资总额	每季投资额	安装周期	生产周期	总转产费用	转产周期	维护费	残值	折旧费	折旧时间	分值
超级手工线	35W	35W	0季	2季	0W	0季	5W/年	5W	10W	3年	0分
自动线	150W	50W	3季	1季	20W	1季	20W/年	30W	30W	4年	8分
柔性线	200W	50W	4季	1季	0W	0季	20W/年	40W	40W	4年	10分
租赁线	0W	0W	0季	1季	20W	1季	65W/年	-65W	0W	0年	0分

安装周期为0季，表示即买即用
不论何时出售生产线，价格为残值，净值与残值之差计入损失
只有空闲的生产线方可转产
当年建成生产线需要交维护费
折旧（平均年限法）：建成当年不提折旧

二、融资

贷款类型	贷款时间	贷款额度	年利率	还款方式	备注
长期借款	每年年初	所有长短期借款之和不超过上年权益的 3 倍	10%	年初付息，到期还本	不小于10W的整数
短期借款	每季度初		5%	到期一次还本付息	
资金贴现	任何时间	视应收款额	1季、2季：10%	变现时贴息	贴现各账期分开核算，分开计息
			3季、4季：12.5%		
库存拍卖	100%（产品）80%（原料）				

三、厂房

名称	购买价格	租金	出售价格	容量	分值
大厂房	400W	40W/年	400W	4条	10分
中厂房	300W	30W/年	300W	3条	8分
小厂房	180W	18W/年	180W	2条	7分

厂房出售得到4个账期的应收款，紧急情况下可厂房贴现，直接得到现金
厂房租入后，一年后可做租转买、退租等处理，续租系统自动处理

四、市场开拓

名称	开发费	开发时间	分值
本地	10W/年	1年	7分
区域	10W/年	1年	7分
国内	10W/年	2年	8分
亚洲	10W/年	3年	9分
国际	10W/年	4年	10分
开拓费用按开发时间在年末支付，不允许加速投资，但可以中断投资 市场开拓完成后，领取相应的市场准入证			

五、ISO资格认证

名称	开发费	开发时间	分值
ISO 9000	10W/年	2年	8分
ISO 14000	20W/年	2年	10分
认证费用在年末支付，不允许加速投资，但可以中断投资 认证完成后，领取相应的资格证			

六、产品研发

名称	开发费	开发时间	加工费	直接成本	分值	产品组成
P1	10W/季	2季	10W	20W	7分	R1*1
P2	10W/季	3季	10W	30W	8分	R2*1 R3*1
P3	10W/季	4季	10W	40W	9分	R1*1 R3*1 R4*1
P4	10W/季	5季	10W	50W	10分	R1*1 R3*1 P1*1
研发费用在季末支付，不允许加速投资，但可以中断投资						

七、原料设置

名称	购买单价	提前期
R1	10W	1季
R2	10W	1季
R3	10W	2季
R4	10W	2季

八、其他说明

① 紧急采购，付款即到货，原材料价格为直接成本的2倍；成品价格为直接成本的3倍。

② 选单规则：上年本市场销售额最高（无违约）优先；其次看本市场本产品广告额；再看本市场广告总额；然后看市场销售排名；如仍无法决定，先投广告者先选单。

③ 破产标准：现金断流或权益为负。

④ 第1年无订单。

⑤ 交单可提前，不可推后，违约收回订单。

⑥ 违约金扣除——四舍五入；库存拍卖所得现金——向下取整；贴现费用——向上取整；扣税——四舍五入；长期借款、短期借款利息——四舍五入。

⑦ 库存折价拍价，生产线变卖，紧急采购，订单违约计入损失。

⑧ 排行榜记分标准：

总成绩＝所有者权益×（1＋企业综合发展潜力÷100）

企业综合发展潜力=市场资格分值+ISO资格分值+生产资格分值+厂房分值+各条生产线分值

生产线建成（包括转产）即加分，无须生产出产品，也无须有在制品；厂房必须为买。

九、重要参数

违约金比例	20%	贷款额倍数	3倍
产品折价率	100%	原料折价率	80%
长期借款利率	10%	短期借款利率	5%
1、2季贴现率	10%	3、4季贴现率	12.5%
初始现金	600W	管理费	10W
信息费	1W	所得税税率	25%
最大长期借款年限	5年	最小得单广告费额	10W
原料紧急采购倍数	2倍	产品紧急采购倍数	3倍
选单时间	45秒	首位选单补时	15秒
市场同开数量	2个	市场老大	有
竞单时间	90秒	竞单同竞数	3个
最大厂房数量	4个		

规则 4

一、生产线

名称	投资总额	每季投资额	安装周期	生产周期	总转产费用	转产周期	维护费	残值	折旧费	折旧时间	分值
超级手工线	35W	35W	0季	2季	0W	0季	5W/年	5W	10W	3年	0分
自动线	150W	50W	3季	1季	20W	1季	20W/年	30W	30W	4年	8分
柔性线	200W	50W	4季	1季	0W	0季	20W/年	40W	40W	4年	10分
租赁线	0W	0W	0季	1季	20W	1季	65W/年	-65W	0W	0年	0分

安装周期为0季，表示即买即用

不论何时出售生产线，价格为残值，净值与残值之差计入损失

只有空闲的生产线方可转产

当年建成生产线需要交维护费

折旧（平均年限法）：建成当年不提折旧

二、融资

<table>
<tr><th>贷款类型</th><th>贷款时间</th><th>贷款额度</th><th>年利率</th><th>还款方式</th><th>备注</th></tr>
<tr><td>长期借款</td><td>每年年初</td><td rowspan="2">所有长短期借款之和不超过上年权益的 3 倍</td><td>10%</td><td>年初付息，到期还本</td><td rowspan="2">不小于 10W 的整数</td></tr>
<tr><td>短期借款</td><td>每季度初</td><td>5%</td><td>到期一次还本付息</td></tr>
<tr><td rowspan="2">资金贴现</td><td rowspan="2">任何时间</td><td rowspan="2">视应收款额</td><td>1季、2季：10%</td><td rowspan="2">变现时贴息</td><td rowspan="2">贴现各账期分开核算，分开计息</td></tr>
<tr><td>3季、4季：12.5%</td></tr>
<tr><td>库存拍卖</td><td colspan="5">100%（产品）80%（原料）</td></tr>
</table>

三、厂房

名称	购买价格	租金	出售价格	容量	分值
大厂房	400W	40W/年	400W	4条	10分
中厂房	300W	30W/年	300W	3条	8分
小厂房	180W	18W/年	180W	2条	7分

厂房出售得到4个账期的应收款，紧急情况下可厂房贴现，直接得到现金

厂房租入后，一年后可做租转买、退租等处理，续租系统自动处理

四、市场开拓

名称	开发费	开发时间	分值
本地	10W/年	1年	7分
区域	10W/年	1年	7分
国内	10W/年	2年	8分
亚洲	10W/年	3年	9分
国际	10W/年	4年	10分
开拓费用按开发时间在年末支付，不允许加速投资，但可以中断投资 市场开拓完成后，领取相应的市场准入证			

五、ISO资格认证

名称	开发费	开发时间	分值
ISO 9000	10W/年	2年	8分
ISO 14000	20W/年	2年	10分
认证费用在年末支付，不允许加速投资，但可以中断投资 认证完成后，领取相应的资格证			

六、产品研发

名称	开发费	开发时间	加工费	直接成本	分值	产品组成
P1	10W/季	2季	10W	20W	7分	R1*1
P2	10W/季	3季	10W	30W	8分	R2*1 R3*1
P3	10W/季	4季	10W	40W	9分	R1*1 R3*1 R4*1
P4	10W/季	5季	10W	50W	10分	R1*1 R3*1 P1*1
研发费用在季末支付，不允许加速投资，但可以中断投资						

七、原料设置

名称	购买单价	提前期
R1	10W	1季
R2	10W	1季
R3	10W	2季
R4	10W	2季

八、其他说明

① 紧急采购，付款即到货，原材料价格为直接成本的 2 倍；成品价格为直接成本的 3 倍。

② 选单规则：上年本市场销售额最高（无违约）优先；其次看本市场本产品广告额；再看本市场广告总额；然后看市场销售排名；如仍无法决定，先投广告者先选单。

③ 破产标准：现金断流或权益为负。

④ 第 1 年无订单。

⑤ 交单可提前，不可推后，违约收回订单。

⑥ 违约金扣除——四舍五入；库存拍卖所得现金——向下取整；贴现费用——向上取整；扣税——四舍五入；长期借款、短期借款利息——四舍五入。

⑦ 库存折价拍价，生产线变卖，紧急采购，订单违约计入损失。

⑧ 排行榜记分标准：

总成绩 = 所有者权益×（1 + 企业综合发展潜力÷100）

企业综合发展潜力=市场资格分值+ISO资格分值+生产资格分值+厂房分值+各条生产线分值

生产线建成（包括转产）即加分，无须生产出产品，也无须有在制品；厂房必须为买。

九、重要参数

违约金比例	20%	贷款额倍数	3 倍
产品折价率	100%	原料折价率	80%
长期借款利率	10%	短期借款利率	5%
1、2季贴现率	10%	3、4季贴现率	12.5%
初始现金	1 000W	管理费	10W
信息费	1W	所得税税率	25%
最大长期借款年限	5 年	最小得单广告费额	10W
原料紧急采购倍数	2 倍	产品紧急采购倍数	3 倍
选单时间	45 秒	首位选单补时	15 秒
市场同开数量	2 个	市场老大	有
竞单时间	90 秒	竞单同竞数	3 个
最大厂房数量	4 个		

规则 5

一、生产线

名称	投资总额	每季投资额	安装周期	生产周期	总转产费用	转产周期	维护费	残值	折旧费	折旧时间	分值
超级手工线	30W	35W	0季	2季	0W	0季	5W/年	5W	10W	3年	0分
自动线	150W	50W	3季	1季	20W	1季	20W/年	30W	30W	4年	8分
柔性线	200W	50W	4季	1季	0W	0季	20W/年	40W	40W	4年	10分
租赁线	0W	0W	0季	1季	20W	1季	65W/年	-65W	0W	0年	0分

安装周期为0季，表示即买即用

不论何时出售生产线，价格为残值，净值与残值之差计入损失

只有空闲的生产线方可转产

当年建成生产线需要交维护费

折旧（平均年限法）：建成当年不提折旧

二、融资

贷款类型	贷款时间	贷款额度	年利率	还款方式	备注
长期借款	每年年初	所有长短期借款之和不超过上年权益的3倍	10%	年初付息，到期还本	不小于10W的整数
短期借款	每季度初		5%	到期一次还本付息	
资金贴现	任何时间	视应收款额	1季、2季：10% 3季、4季：12.5%	变现时贴息	贴现各账期分开核算，分开计息
库存拍卖	100%（产品）80%（原料）				

三、厂房

名称	购买价格	租金	出售价格	容量	分值
大厂房	400W	40W/年	400W	4条	10分
中厂房	300W	30W/年	300W	3条	8分
小厂房	180W	18W/年	180W	2条	7分

厂房出售得到4个账期的应收款，紧急情况下可厂房贴现，直接得到现金

厂房租入后，一年后可做租转买、退租等处理，续租系统自动处理

四、市场开拓

名称	开发费	开发时间	分值
本地	10W/年	1年	7分
区域	10W/年	1年	7分
国内	10W/年	2年	8分
亚洲	10W/年	3年	9分
国际	10W/年	4年	10分
开拓费用按开发时间在年末支付，不允许加速投资，但可以中断投资 市场开拓完成后，领取相应的市场准入证			

五、ISO资格认证

名称	开发费	开发时间	分值
ISO 9000	10W/年	2年	8分
ISO 14000	20W/年	2年	10分
认证费用在年末支付，不允许加速投资，但可以中断投资 认证完成后，领取相应的资格证			

六、产品研发

名称	开发费	开发时间	加工费	直接成本	分值	产品组成
P1	10W/季	2季	10W	20W	7分	R1*1
P2	10W/季	3季	10W	30W	8分	R2*1 R3*1
P3	10W/季	4季	10W	40W	9分	R1*1 R3*1 R4*1
P4	10W/季	5季	10W	50W	10分	R1*1 R3*1 P1*1
研发费用在季末支付，不允许加速投资，但可以中断投资						

七、原料设置

名称	购买单价	提前期
R1	10W	1季
R2	10W	1季
R3	10W	2季
R4	10W	2季

八、其他说明

①紧急采购，付款即到货，原材料价格为直接成本的2倍；成品价格为直接成本的3倍。

②选单规则：上年本市场销售额最高（无违约）优先；其次看本市场本产品广告额；再看本市场广告总额；然后看市场销售排名；如仍无法决定，先投广告者先选单。

③破产标准：现金断流或权益为负。

④第1年无订单。

⑤交单可提前，不可推后，违约收回订单。

⑥违约金扣除——四舍五入；库存拍卖所得现金——向下取整；贴现费用——向上取整；扣税——四舍五入；长期借款、短期借款利息——四舍五入。

⑦库存折价拍价，生产线变卖，紧急采购，订单违约计入损失。

⑧排行榜记分标准：

总成绩＝所有者权益×（1＋企业综合发展潜力÷100）

企业综合发展潜力=市场资格分值+ISO资格分值+生产资格分值+厂房分值+各条生产线分值

生产线建成（包括转产）即加分，无须生产出产品，也无须有在制品；厂房必须为买。

九、重要参数

违约金比例	20%	贷款额倍数	3倍
产品折价率	100%	原料折价率	80%
长期借款利率	10%	短期借款利率	5%
1、2季贴现率	10%	3、4季贴现率	12.5%
初始现金	600W	管理费	10W
信息费	1W	所得税税率	25%
最大长期借款年限	5年	最小得单广告费额	10W
原料紧急采购倍数	2倍	产品紧急采购倍数	3倍
选单时间	45秒	首位选单补时	15秒
市场同开数量	2个	市场老大	有
竞单时间	90秒	竞单同竞数	3个
最大厂房数量	4个		

附录2 国赛心得

以下为第八届全国职业院校“用友新道杯”沙盘模拟企业经营大赛全国总决赛一等奖获得者——山西财贸职业技术学院代表队的参赛感言：

打开记忆画册，在近一年的时光中，似乎除了沙盘再没有别的影像。

最初接触沙盘，我们心中充满着新奇与期望。或许是对沙盘本身的兴趣，或许是对学院的责任，或许是对自己青春的一个交代，我们几乎将自己全部的精力都倾注于此，带着懵懂和稚嫩的自信，开始了漫长的学习和训练。在暑假期间，我们制订方案并研究总结，在山西省比赛中荣获山西省特等奖，取得了代表山西省高职院校参加全国总决赛的资格。在准备省赛、国赛时阴雨绵绵，离开赛场，便是晴天。

在参赛前的训练阶段，我们积极探索新的方案，研究对手，常常因为做方案误了吃饭时间，大家都瘦了许多，憔悴写满了青涩的面庞，特别是国赛中要使用我们并没有学过的信息化实战软件U8.72。我们不仅需要训练企业模拟经营，还需要加紧学习U8.72，这给我们的参赛增加了难度。尤其是在国庆、中秋“双节”期间，我们都放弃了回家与父母团圆，留在学校夜以继日地训练，多次进行网赛。整个校园冷冷清清，而我们依然执着地穿梭于机房和宿舍之间，学院和会计系给予了我们极大的支持，指导老师也一直陪伴着我们。静谧的校园反而给了我们坚定的信念，让我们清楚地认识到：要想成功必须先付出辛劳！我们在疲惫中战斗着，拥抱着我们的青春。

对于这一次国赛，我想我们团队中的每一位成员都会记忆深刻，第一天从悲情到信心满满再到心情压抑，我们前进的道路很精彩。

10月21日，我们踏上了前往第八届全国职业院校“用友新道杯”沙盘模拟企业经营大赛全国总决赛的赛场——江苏淮安。10月22日晚，所有高校抽签分组，测试电脑，而我们却和去年一等奖的江苏财经职业技术学院、渭南师范学院，网赛练习时经常得第一的中山市技师学院等各路豪强分在号称死亡之组的C区，大家顿感压力倍增。

ERP沙盘是一个以管理会计为核心的信息系统，通过识别和规划企业资源市场，投放广告，获取客户订单，完成加工后交付，最后得到客户付款，从中获利的一个过程。整个比赛过程模拟企业6年经营。第1、2、3年，我们按照预期的方案，按部就班地进行着，所有者权益也如所预期的一样不断增长，大家似乎看到胜利在向我们招手。也许是由于沉溺于眼前短暂的辉煌，并未预料到第4年市场的恶劣状况，结果积压了大量库存。经过财务预算，我们亏损严重，所有者权益一度下跌到第2年的水平，紧张的氛围包围着我们，环顾四周，整个赛场一片死寂，似乎空气都凝固了。这一刻让我们深刻体会到了市场不景气给企业经营带来的困难。怀着沉重的心情，回到住处，我们和指导老师一起分析了目前境况，结合后面的市场和对手，重新制订方案，那晚注定是一个不眠之夜，但其中也孕育着创造辉煌的可能。

10月24日，我们带着自信和对胜利的向往来到赛场，采取稳扎稳打的战略认真经营。将积压的库存全部卖出，兼有其他多样的产品销售，局势明显好转，提着的心也总算落地了，下午的信息化比赛也比较顺利。晚上颁奖典礼，当主持人宣布我们为全国职业院校“用友新道杯”沙盘模拟企业经营大赛全国总决赛一等奖时，大家都激动地拥抱在一起，喜悦的泪水禁不住汹涌奔流，心中感慨万千。这是我们的胜利，也是一个团队的胜利。在周恩来总理的故乡、美丽的城市淮安，我们山西财贸职业技术学院代表队在此圆梦。

一路走来，我们背负着太多的青春和梦想。我们吵过，闹过，哭过也笑过，一起品尝失败的苦果，一起分享成功的喜悦。一年前我们与沙盘结缘，一年后我们终于给自己的沙盘人生添上了浓重一笔。在经营沙盘的同时，我们在学习如何去更好地经营我们的人生。

珍惜，祝愿！